CULOTTÉES

[法] 佩内洛普·芭桔 编绘　王晨雪 译

她们的传奇

率性而为的女性们

中国友谊出版公司

目　录

克莱门汀·德莱特

大胡子女士

1865 - 1939
克莱门汀是个很强壮的小女孩。
她的父母是孚日山区的农民，对于他们来说，小克莱门汀可是个好帮手。
爸爸，我把它放哪儿？
可是到了青春期，克莱门汀发现她比别的女孩多了一样东西…
怎……怎么了？难道我的牙上沾了口红？
从那时起，她开始刮胡子。
不久之后，她对面包店老板约瑟夫一见钟情。
嘻嘻
该死，她到底要不要买奶油泡芙？
他们两情相悦。
克莱门汀，您愿意嫁给他吗？
愿意！
顾客们对新的面包店老板娘非常好奇。
您还要这个吗？
可是，约瑟夫备受风湿痛的折磨，克莱门汀没办法眼睁睁地看着他受罪。
哦，我的小可怜儿！

于是，德莱特夫妇
转了行……
在平日做夜间生意
嗒哒哒！
好友之家
待出售
已售
约瑟夫管账。
而他的妻子除了负责酒馆服务……
够了，雷内！你已经
喝得扶墙了。
偶尔，还要客串安保。
啊！我警告过
你了，雷内！
不论是在她的酒馆，
还是别处，克莱门汀
都让人为之倾倒。
我再给您上
点儿什么？
有一天，克莱门汀逛集市的时候……
ZOLT
有人和她搭讪。
嘿！

你好，美女！
这次相遇彻底改变了她的生活。
克莱门汀做出了一个决定。
从今往后，我再也不刮胡子了。
这一决定将改变她的命运。
大胡子女士咖啡馆
你喜欢吗？
自此，人们蜂拥而至，就为了一睹这位孚日山区名人的风采。
我可以摸一下吗？
你脑子有病吗？

很快，克莱门汀声名大噪，她开始售卖自己的肖像照，照片十分抢手。
请写上“送给罗贝尔”。
大大的……香吻……罗……贝尔。
她甚至获准穿男装拍照（这在当时是被严格禁止的）。
让你们惊掉下巴了吧!
克莱门汀成了名副其实的明星，声名远播。
抱歉打扰……请问您是克莱门汀·德莱特女士吗?
第一次世界大战期间，她甚至成了法国大兵的幸运符。
我用这张和你换“克莱门汀海滩照”那张，怎么样?
砰!
BOUM!
德莱特夫妇收养了一个名叫费尔南德的小姑娘，她是个战争孤儿。
哦哦，轻一点儿，小宝贝!
一天，一个马戏团老板拜访了克莱门汀，向她许诺了一大笔钱，请她加入他的马戏团。
您将是我最棒的收藏品!您将做环球巡演!
你脑子有问题吧?

克莱门汀成了所有欧洲王室
的座上宾。
快看，蓓贝丝，
这可是难得一
见的。
遗憾的是，没过多久，她就与
约瑟夫阴阳相隔。
永别了，亲爱的。
克莱门汀虽然
成了寡妇，但
她有名且富有，
她开始思考要
如何度过余生。
加入马戏团？
环球旅行？
不管怎么说，
我才63岁，
我的人生还
长着呢。
最终，她选择重回老本行，在孚日
山区开了一家新酒馆。
雷内！
克莱门汀在塔昂-
勒-孚日区的酒馆
柜台后平静地度过
了晚年时光……
好吧……
也不算
完全
“在柜台
后面”。
在那里，她和费尔南德还有一只鹦鹉
一起进行歌舞表演。
心梗夺去了她的生命。
墓碑上刻着她生前选
好的墓志铭：
此处安息着
大胡子女士
完

La FEMME

1000
À BARBE

恩津加

恩东戈王国及马坦巴王国女王

1583-1663
恩达姆比国王有四个孩子，他对每个都疼爱有加。
不过，他最爱的那个孩子出生于1583年，
出生时脐带绕颈。
他们便以“KUJINGA”（金邦杜语“缠绕”的意思）给这个女儿命名。
恩津加
当时，孩子的生母向孩子的父亲预言道：
她将成为女王。
自此，恩津加独得父亲专宠，不管到哪儿，父亲都带着她。
甚至带着她去打仗。当时，恩东戈王国（当今的安哥拉）不断受到葡萄牙侵略者的攻击。
他们的父亲去世后，她的哥哥姆班迪继承了王位，尽管他并不是一个聪明的人。
姆班迪并不信任恩津加，因为后者比他聪明得多（这一点他倒是没看错）。
为了一劳永逸，猜忌心重又偏执的姆班迪甚至决定杀死他妹妹的独生子。
这使得恩津加与他反目成仇，成了他最可怕的敌人。

新国王实在不知道该如何安置这个口齿伶俐、思维清晰的女孩。
让我去负责外交政策吧。这样我就不会碍你的事了。
国王陛下。
对，这是个好主意。我可是位业务繁忙的国王。你去和葡萄牙人谈判吧。你既然那么能干，就让他们离开吧！（嘿嘿嘿）
恩津加被派去与葡萄牙人谈判时年仅16岁。
认真的吗？
他们心想：对付这么一个任人摆布的小孩也太容易了吧。
这个呢，小丫头，这是一把**“枪”**。
为了给她难堪、让她动摇，葡萄牙总督有意不给恩津加摆上座椅。
呵
呵
呵
铺在地上的草垫子，在姆邦杜文化中，这是给下等人预留的座位。
但是，恩津加拒绝受辱。
好了。
现在我们可以谈判了。

就这样，恩津加与葡萄牙人平起平坐地开始了谈判，她毫不留情地提出了她的要求。
你们立即从安巴卡撤军，并释放所有的奴隶。
葡萄牙人签订了协议。
但却从未履行协议。
1641年，荷兰人占领了罗安达。
嘿！
恩津加向他们提议结盟，以惩罚背信弃义的葡萄牙人。
与此同时，恩津加的家族遭受了一系列离奇致命的打击。
她的哥哥姆班迪中毒身亡。
哦，不。他是自杀的。
姆班迪的儿子也夭折了。
好吧，至于他嘛，
我派人暗杀了他。
于是，恩津加成了恩东戈女王。

即位之后，她便正式宣布自己的“男性身份”，决定永不嫁人。

（不过，她有很多男宠。）

即使年逾花甲，她始终亲自率领军队上战场。

尽管经历了多次国内政变（均被她挫败），尽管受到欧洲列强的压迫（她深谙离间之术，总能挑起列强间的矛盾），

恩津加——恩东戈王国及马坦巴王国的女王，从她夺权的那日起，稳坐王位近 40 年。

完

玛格丽特·汉密尔顿

吓人的女演员

1902-1985
（请注意，不要把她与另一位同名同姓的女性弄混了，当然后者也是超酷的，她是阿波罗计划月球登陆系统的编程员。）
← 玛格丽特和她为"阿波罗11"号飞船写的源代码
我们要说的这位玛格丽特1902年在美国克里夫兰出生，她并不渴望征服太空。
当然不！
（不过，她最后还是在天空中飞来飞去的。）
我想当一个演员！
试镜
……
下一位！
玛格丽特渴望饰演那些浪漫的角色。
那么，我要给您个建议：
请您去做个新鼻子！
很明显，玛格丽特并不喜欢这个建议。
可我的鼻子很漂亮啊！
那个人真是疯了。
于是，她决定"曲线救国"。
你也是来争取"美丽脆弱的逃亡者"这个角色的？
……

如果我是来试演丑陋凶恶的继母女儿那个角色的，你介意吗？
除了“曲线救国”策略，玛格丽特的另一条策略确保她获得源源不断的演出合同。
我的演出费用市场最低！
作为单亲妈妈，玛格丽特为了抚养儿子，任何饰演坏人的小角色她都来者不拒，尤其是一部音乐剧中的女巫角色。
Hin 哇 Hin 咔 Hin 咔
当她得知这部音乐剧要被搬上大荧幕时……
我的机会来了！
她参加了试镜，憋足了劲要拿下这个角色。
上场吧，玛吉。
试镜快结束时，完全入戏的玛格丽特爆发出一串魔鬼般的笑声，把选角导演们吓得魂飞魄散。
HIN 哇 HIN 咔 HIN 咔 HIN 咔
谢……谢谢。

制片方最初心仪的那个漂亮女演员拒绝为了电影而扮丑（更别提是为了女巫的角色）。于是，玛格丽特入选了，获得了与好莱坞大牌明星同框的机会。
汉密尔顿
嘉兰小姐
1938年，电影《绿野仙踪》正式开机。出于角色需要，玛格丽特接受了特效化妆。
你的鼻子和下巴太小了，我们给你贴个假的。
哈哈，真不敢相信。
她的皮肤还被涂上了厚厚的一层绿色油彩。
视觉效果惊人！
影片采用了当时罕见的特效技术。
救命，托托！
影片第一幕中，多罗茜落地之后，被一群吓坏了的矮人围绕的女巫应该消失在火光烟雾之中。
哇 咔 咔 咔
HIN HIN HIN HIN
不幸的是，由于拍摄当日出现了失误，玛格丽特还没来得及隐蔽好，火苗就蹿了起来。

她的扫帚起了火，同样起火的还有她的脸和手。
上妆使用的绿色油彩中含有铜，附着力很强，必须使用酒精大力擦拭才能将其从烧伤的皮肤上去除。无法想象玛格丽特当时忍受了多大的苦痛。
摁住她！
玛格丽特花了三个月的时间才逐渐康复……
Get well soon! Judy
她随即返回片场以完成拍摄。
当时，她手上的皮肤甚至没有完全结痂。
她必须戴着绿色的手套直到拍摄结束。
影片终于杀青了。玛格丽特的皮肤在接下来的几个星期里仍旧保持着绿色。
啊——
您确定您没事？我怎么觉得您脸色不太好。
米高梅公司组织孩子们观看了一次试映。
结论无可争议：女巫实在太吓人了。结果，玛格丽特一半的戏都被砍掉了。
力气没白费嘿。

《绿野仙踪》上映后，玛格丽特的片酬大大提高了。
HOL
WOOD
显而易见的是，她深入人心的荧幕形象将她局限在了坏脾气的女巫角色中。
电视剧《亚当斯一家》中饰演莫蒂奇亚的母亲
但是玛格丽特丝毫不因此感到郁闷，因为她对自己与众不同的天赋自信满满：
说到吓唬人，她可是无人能及。
她曾在《芝麻街》的一集中客串演出。
由于家长们的投诉，电视台最终决定取消该集节目的播放。
邪恶的西方女巫被美国电影协会评为电影史上第四大反派人物，仅次于汉尼拔·莱克特和诺曼·贝茨。
还有我。
《绿野仙踪》是世界上被观看次数最多的电影（甚至入选了联合国教科文组织的《世界记忆名录》）。玛格丽特·汉密尔顿饰演的这个角色让几代孩子都心有余悸，也成了伴随她一生的荧幕形象。
啊哈！
对于这个教师出身的、温柔的姑娘来说，命运真是太神奇了。
结束！
le Magicien d'Oz
完

烈焰飞蝶

抗争姐妹花

米拉贝家有四个女孩。她们成长于多米尼加共和国的奥霍-德阿瓜。
帕特里亚
阿黛拉
米娜瓦
玛利亚-特蕾莎
1924/26/35-1960
幸运的是，姐妹四人个个聪慧果敢且美丽动人。
那个时候，国家落入一个可怕的独裁者的铁腕之中，他自称为“EL JEFE”（元首）。
拉斐尔·特鲁希略
1930 年，特鲁希略发动政变，自此掌权。独裁后，他培植臭名昭著的秘密警察，用以铲除异己，国内一度笼罩在恐怖的气氛中。
元首万岁
米拉贝家的姑娘们在优渥的家庭环境中无忧无虑地成长。她们进入一所天主教学校学习。
15 岁时，米娜瓦坚持继续学业。
额……好吧。
这一时期，她受到外国电台的影响，开始质疑祖国的政治。
怎么会这样，一个“暴君”？

她决定在大学学习法律。
嘿，读读这个。
马克思
在那里，她结交了一些共产主义者。
她遇到了一个名叫伯里克利·弗兰科的年轻的理想主义者，
后来，他创立了人民社会党。弗兰科的政治立场足以让他被关进监狱。米娜瓦的反抗精神被他唤醒了。
然而，一个意外事件加速了米拉贝姐妹投身政治的进程。
女孩们受到邀请去参加特鲁希略举办的晚会，仿佛现代版的灰姑娘去参加一个不怀好意的舞会。
“元首”与往常一样在晚会上挑选年轻漂亮的女孩做舞伴。
他马上就看中了米娜瓦（她对这一切反应很冷淡）。
没过多久，他再次邀请她参加宴会。米娜瓦带着姐妹们一同出席。宴会上，他再次向她示爱。
您想去看看我的飞机吗？
不了，谢谢。
天啊，真让人受不了。
最终，他派警察将一封请柬送到米娜瓦的父母家，邀请她去自己的海滨别墅。
您自愿参加。
米拉贝一家开始为米娜瓦担忧起来。
你最好还是出席吧……
不过，我们陪你一起去！

可想而知，独裁者又一次穷追不舍。
我的美人，你喜欢“长枪”吗？
米娜瓦实在忍无可忍。
能不能不要再缠着我？！！！
她的父母趁机带着她溜走了。
既然把话说到这儿了：别去碰我的男朋友伯里克利！！！
谢谢，宴会很棒。
帕特里亚和玛利亚-特蕾莎同样受到反抗精神的激励，她们为自己姐妹的行为感到十分自豪。
说真的，真是受够了！
不幸的是，“元首”不会白白受到侮辱，几天后，她们的父亲被捕了。
爸爸！！
接着，米娜瓦和她的朋友们也被捕了。
几个星期里，她们被反复盘问她们与人民社会党的关系。
还有米娜瓦与伯里克利的关系。
那又怎样！
人们告诉这个年轻的姑娘，只要她给特鲁希略写一封道歉信，她就能重获自由。
呸！
很好。

最终，她还是被释放，重回大学，并遇到了未来的丈夫马纳洛。
新娘万岁！革命万岁！
（后者当然也是个坚定的反特鲁希略青年。）
她的两个姐妹也分别和反抗“元首”的青年结了婚。
米拉贝一家很快就有了一群小革命者。
打倒暴君！
妈妈！！
米娜瓦的论文主题是人权，
主要集中论述政权改革的必要性！
1957 年，她成为国家首位法学女博士。
不过，为她颁发学位证书的却是“元首”。
祝贺您！
同时，他向她许诺说：
您永远不会有机会从事这个职业。
我会亲自监督的。
同一时期，拉丁美洲的独裁者们纷纷被推翻。古巴独裁者巴蒂斯塔的下台让受特鲁希略压迫的多米尼加人民看到了希望。
6 月 14 日，在古巴的帮助下，多米尼加人民爆发了反“元首”起义。尽管起义以失败告终，但是，“6 · 14”地下组织由此形成（米娜瓦自首次秘密集会时就加入了该组织）。
马纳洛，“6 · 14”起义主席兼共同发起人
米拉贝三姐妹选取“蝴蝶”作为代号。
蝴 蝶

“6·14”地下组织的成员接连被捕，
“蝴蝶”姐妹和她们的丈夫首当其冲。
她们被关进恐怖的 40 号监狱，备受酷刑折磨。
由于姐妹三人深得人心，她们受到天主教会以及国际舆论的支持。
她们因“危害国家安全罪”入狱，五年后被释放。她们的丈夫仍然被关押着。
从此以后，在多米尼加人民眼中，她们就是革命的象征……
这让特鲁希略更加不安，他已经嗅到了革命的气息。
“蝴蝶”姐妹有种不祥的预感。她们担心会遇到近期频发的“车祸”。
她们的预感不幸变成了事实：1960 年 11 月 25 日，她们前往监狱探望她们的丈夫，半路上一辆汽车拦住了她们的去路。她们死于乱棒之下，尸体被重新放回吉普车内，连人带车坠落悬崖。
然而，人民不是傻子，他们很清楚谁是幕后黑手。
不得民心的独裁者声称：
除非我死了，否则别想让我离开！
这一点，他确实很有远见，因为 1961 年 5 月 30 日他也出了车祸：他乘坐的汽车被 60 多发子弹打成了筛子。刺杀者们成了民族英雄。
今天，“蝴蝶”姐妹的故乡被命名为米拉贝姐妹省，
200
200
PESOS ORO
200
BANCO CENTRAL DE LA REPUBLICA DOMINICANA
100
每年的 11 月 25 日也被确立为“国际消除对妇女暴力日”。
完

约瑟芬娜·范·戈库姆

固执的恋人

1820-1888
1820年6月28日，约瑟芬娜出生于荷兰南部的鲁尔蒙德。
她的全名是：
约瑟芬娜·卡洛琳娜·彼得罗妮拉·胡伯蒂娜·范·艾弗顿
我们就叫她约瑟芬娜吧。
她父母都是天主教贵族。家里10个孩子中她排行第9。
她的妈妈玛利亚·阿涅斯必须得雇几个奶妈。
她从小就热爱自由。
一天，约瑟芬娜遇到了雅各布。两人一见钟情。
女方家一点也看不上雅各布·维尔纳·范·戈库姆。
首先，他比你大了整整10岁！
其次，他还是个当兵的，这可完全配不上一个名门淑女的身份。
啊……您穿军装可真帅。

不过，最糟糕的是，雅各布是个
新教徒。
（两个相爱的人一点不在乎，他们于1842年举行了婚礼。）
他们之间宗教信仰的差异不仅震惊了鲁尔蒙德当地的贵族，还给日常生活带来了麻烦：
当时的荷兰严格执行国王纪尧姆一世颁布的社会分层制度：
社会支柱化
LA PiLARiSATiON
社会支柱化是指将一个社会按照宗教信仰（天主教、新教、犹太教）垂直分为若干“柱状集团”，每个集团在自己的生活区域内活动，仅在集团内部通婚。
总之，他们的结合成了人们茶余饭后的谈资。
很好！这样他们就有事做了！
约瑟芬娜和雅各布十分恩爱，社会支柱化也没能影响到他们，很快，他们生了三个孩子。
约瑟芬娜终于让这个极度僵化的社会接受了他们非典型的家庭模式。
天主教医院
天主教学校
天主教食品店
嗯……
新教医院
新教学校
新教小市场
不过，范·戈库姆夫妇唯一逃不过的就是：
这个嘛，不管怎么说，我的孩子，你们不可能……
……被安葬在一起！

按照现行法律要求，她死后应葬入范·艾弗顿家族墓穴。

而她的丈夫则应被葬入墓地的另一端。

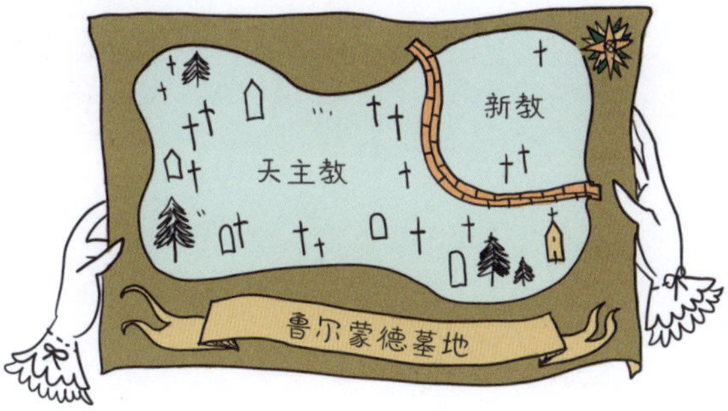

完

洛森

女战士兼萨满

1840 年左右，洛森出生于奥霍卡连特圣山旁的奇里卡瓦部落。她的哥哥维克托里奥后来成为杰出的阿帕切人领袖。
≃1840－1889(?)
很小的时候，洛森就明确表示：阿帕切女人干的活让她觉得很无聊。
呼!
她想要
战斗。
她参加了成人礼……
……并在仪式上宣布永不结婚。
我更愿意献身于我的族人。
如果您不介意的话。
事实上，奇里卡瓦人确实很需要她的帮助。
开工!
当时，她的部落处于亚利桑那州和新墨西哥之间。
“阿帕切部落”

然而，他们家族驻扎的圣卡洛斯保护区是最差的几个保护区之一。那里的生活条件极其恶劣。
维克托里奥成为部落首领之后，带着部落里的男人们打击来自新墨西哥州的殖民者。
我告诉你们：我们得带上我妹妹。
明白吗？
维克托里奥不仅把洛森看作自己的左右手，还称赞她“和男人一样强壮，甚至比他们中大部分人更勇敢”。
（而且，她还是个令人闻风丧胆的偷马高手。）
最重要的是，洛森从小就拥有强大的萨满神力，这在战场上十分有用。
除了能跑得像马一样快和具有疗伤能力之外，这位印第安女战士还能借助神明之力在手掌中感知敌人的位置和人数。
另一位战斗在洛森身边的女性是：
达泰斯特。
她是经验丰富的侦察兵，且能说多种语言，担任阿帕切部落的信使及调解人。

洛森不仅是名女战士，还是部落的守护者，
负责在艰难的迁徙路上指引妇孺。
跟我来！别害怕！
好了，我把他们托付给你，我要回去战斗了。
1880 年，墨西哥人袭击了位于特雷斯卡斯蒂略的阿帕切部落藏身处。可是，洛森却要处理另一起突发事件。
什么，现在？！
仅靠一把步枪，她打算单枪匹马把新生儿和他的母亲送到距离战场三天路程的隐蔽所。
为防止枪声引起注意，她用匕首狩猎。
如果途中遇上美国或墨西哥士兵……
她一定会夺了他的马匹、武器和粮食。
还有他们的衬衫。

终于，洛森成功地把母子俩送到了安全地带。
好了，我回去了！
可是当她不在的时候，她的哥哥及手下中了埋伏，被俘虏了。
洛森得知后，倍道兼程，打算救出哥哥和被俘虏的族人。
遗憾的是，她到得太迟了。维克托里奥宁可死于自己的刀下，也不愿受敌人的摆布。
因怒火和悲痛而丧失理智的洛森不断地攻击墨西哥人，直到两个月后，她加入了杰罗尼莫的部落。
此后，她一直跟随杰罗尼莫战斗，直到后者于1886年投降。
你……你怎么可以这样对我们?!
我累了，洛森。
她被关押在亚拉巴马州。由于不习惯潮湿的环境，没多久，她便死于结核。
她的遗体被送还给阿帕切人，洛森得到了应有的安葬。
完

安妮特·凯勒曼

美人鱼

1886 - 1975
1886 年 7 月 6 日，小安妮特出生了，她爸爸是一位澳大利亚小提琴家，妈妈是法国钢琴家。
可是，她 6 岁的时候得了小儿麻痹。
她成年累月地戴着笨重的矫正器械。医生建议她的父母送她去学游泳，以便刺激她的腿部肌肉。
您确定吗，医生？
于是，安妮特开始游泳。
从不间断。
她 15 岁的时候，不仅双腿痊愈了，
1
还获得了大区 100 米自由泳冠军。
安妮特开始热衷于竞赛，她决定去挑战欧洲的运动员。
让我们较量一下！
AUS
她曾三次尝试横渡英吉利海峡（均以失败告终）。
（不过，她打败了所有男性游泳选手。）
欧洲人对这个在塞纳河里游泳的 19 岁澳大利亚姑娘十分好奇。
你好！

安妮特确实天资卓越，喜欢展示她的运动才能。
快来欣赏
美人鱼
她参与表演的节目规模越来越大，最后她全身心投入到专门为自己打造的演出中。
高台跳水
高台跳水
乔装演出
当时女性穿的游泳衣非常笨重且不舒服。
至少不用担心晒出泳衣的印子。
在维多利亚时期保守的世风影响下，澳大利亚一度禁止女性在白天游泳，直到1903年才解禁。
别看，年轻人！有个不知羞耻的女人，居然露着脚踝！
哪儿呢？哪儿呢？
安妮特最有资格表发对泳衣的看法：设计细节面面俱到……
就是不适合游泳。
于是，她开始酝酿一款能让女性在水中自由活动的泳衣……
肩带
贴身
分腿
她把内衣拼在一起，自己缝了一件样衣……
并首次穿着它在伦敦为皇室表演。
嗒哒！

观众们震惊了，安妮特还没有意识到自己刚刚掀起了一场女性革命。
她再接再厉，剪掉了泳衣的裤腿。
哇啊
1907 年，美国警察以服饰不得体为由在马萨诸塞州的一处海滩逮捕了安妮特。
您不感到羞耻吗，姑娘？
她为自己辩护说这是出于“训练需要”。
理由成立！
这件事让她的泳衣得到了全球的广泛关注：“凯勒曼式”泳衣立即出现在海滩美女海报上……
这促使安妮特将其投入市场，以满足所有女性的需求。
谁最后下水，谁就是老太婆。
惊世骇俗的美人鱼也得到了好莱坞的关注。
开机……
事实上，谁还能像安妮特一样，又拍电影，又设计泳衣，同时还自己表演特技？
和鳄鱼一起游泳，你行吗？
当然。
新的电影题材应运而生，开启了水上芭蕾的时代。一些好莱坞女演员开始效仿安妮特，例如著名女星埃丝特·威廉斯。
（她在 1952 年的影片中扮演安妮特本人。）

在她事业的巅峰时刻，安妮特嫁给了她的经纪人。
安妮特·凯勒曼
哈佛的一位教授研究了她的身材比例，将其与米洛的维纳斯比较后得出结论：安妮特是“拥有完美身材的女人”。
就是这样。
除了脑袋！
安妮特补充说。她本人对此并不太在意。
她参演的电影中如今还能看到的只有《南洋维纳斯》这一部……
尽管安妮特总共参演了20多部影片。其中最著名的还要数《众神之女》：这是首部拍摄成本超过100万美元的影片。但是电影上映后，最让人印象深刻的还是主演安妮特的……
全裸出镜。
（当时电影界又一史无前例的举动）
既然我有一副完美的身材，为什么要藏着掖着呢？
由于总被问及保持身材的秘诀，安妮特决定出版相关书籍。
安妮特·凯勒曼
如何游泳？
书籍的畅销让她萌生了函授教学的想法。
和安妮特·凯勒曼一起
保持美丽和健康
健康和形体逐渐变成了安妮特的爱好。

她向女士们宣扬体育运动的好处，这对她们来说是个新鲜的话题。
坚信健康源自饮食的她在加利福尼亚开了一家素食食品店。
这位澳大利亚美人鱼还为孩子们写了一本关于南半球海洋传说的书……
并且终身坚持游泳。
直到89岁去世……
她的骨灰被撒入大堡礁沿线的海中。
运动员？演员？商人？我们很难定义安妮特·凯勒曼的人生……
尽管我们可以将她的人生总结为：
我帮女性解放她们的身体。
完

迪莉娅·艾克利

探险家

1875-1970
迪莉娅·朱莉娅是家里9个孩子中的老幺，出生于海狸水坝镇（威斯康星州），她的父母帕特里克和玛格丽特·邓宁是贫穷的爱尔兰移民。
她是安静稳重的孩子，从不抱怨家务活。
她的父亲脾气十分暴躁。13岁时的一天，她的父亲又一次对她大发脾气。
这一次，迪莉娅离家出走，
再也没有回去。
她逃到了芝加哥……
成为著名的动物标本师卡尔·E.艾克利的助手。
您……您的眼睛，先生。
谢谢，我的孩子。
艾克利是博物学权威。纽约美国自然历史博物馆那些著名的布景就是出自他手。

两人于1902年结婚。
迪莉娅随卡尔远征非洲，他在那里进行大规模狩猎，为博物馆收集标本。
迪莉娅实地学会了管理探险活动的方方面面。
现在别去打扰他！他正休息呢！
在肯尼亚的一次狩猎中，卡尔被一头大象攻击。
整个队伍惊慌失措、四处逃散，留下他和妻子等死……
迪莉娅翻山越岭把他送到医院。
在他的探险生涯中，他的妻子好几次把他从死亡线上拉回来。
我……我看见我妈妈了……
他们从一次探险中带回来一只小猴子，迪莉娅给它取名叫小J.T.
当卡尔周旋于女学生中间时，陪伴迪莉娅度过漫漫长夜的就是这只小猴。

艾克利夫妇最终离婚。
卡尔很快就再婚了。
第二任妻子比他小 25 岁。新妻子跟随卡尔重返非洲，却没能在两年后把他从埃博拉病毒手中救回来。
离婚后的迪莉娅有些无所事事。
她已经 50 岁了。
她决定单枪匹马开展她首次非洲探险之旅。
过了这么久，我已然驾轻就熟了。
从印度洋到埃塞俄比亚沙漠，时而撑独木舟时而骑骆驼，迪莉娅走遍了非洲大地，并成为首位穿越非洲大陆的女性。
她渐渐对人种学产生了浓厚的兴趣。
接下来的几年里，她接触到神秘的俾格米人，并不断深入地研究。
她在伊图里森林里与他们共同住了好几个月。
她出版了多部研究成果，尤其是对灵长目动物的研究。
J.T. JR
小 J.T.
非洲小猴传
迪莉娅·艾克利
迪莉娅·艾克利在佛罗里达去世，享年 95 岁。
她的后半生愉悦而充实。
完

乔瑟芬·贝克

舞蹈家、法国抵抗组织成员、母亲

1906-1975
卡丽和艾迪在圣路易区
街头表演歌舞（他们是
一对恋人）。
1906 年，他们的女儿出生了：
芙莱达·乔瑟芬
她一出生就开始了
舞台生涯。
然而几个月后，艾迪
抛弃了母女俩，卡丽
成了单亲妈妈。
乔瑟芬很早就和父母一样在
街头卖艺。
她妈妈的多段恋情让家里的负担
越来越大，为了贴补家用，小乔
瑟芬就去有钱太太家打扫卫生
（她们一有机会就虐待她）。
13 岁时，她嫁给了一个叫
威利的男孩。
JUST MARRIED
一年后，她用酒瓶打破
了他的头（果不其然，
他们离婚了）。
她决定跟从自己的内心，
尝试着加入一个专业
舞蹈团。

她成功地加入了那些只招募黑人舞者的演出。
最后，她登上了百老汇的舞台，凭借合唱时的滑稽表演脱颖而出。
她遇到了她的伯乐。
我正在为巴黎的一场演出招募黑人舞者。
乔瑟芬只考虑了三秒钟……
……就决定离开她妈妈（母女关系极其糟糕）、贫苦的生活以及美国。
永别了！
1925年，她乘船抵达法国瑟堡。
香街大剧院上演了歌舞剧《黑人风情》，整个巴黎都为查尔斯顿舞而倾倒。
法国人不仅看到了与以往殖民观念截然不同的黑人文化，更发现了一颗冉冉升起的新星——乔瑟芬。
她立即成为立体派艺术家的灵感来源。
乔瑟芬
作者：考尔德，1928
演出的巨大成功让乔瑟芬下决心单飞：她离开了《黑人风情》的舞台，去女神游乐厅当领舞。

在那里诞生了她最著名的“野性之舞”(电臀舞的鼻祖)。

她疯狂地爱上了一个叫朱塞佩·佩皮托·阿巴蒂诺的西西里人，这个男人不但是个恶棍，而且谎话连篇，还是个兼职小白脸。

他成了她的经理人。

他们携手走过了近10个年头。

她编排了一个新节目，主演是她和一只叫奇姬塔的猎豹。

巡演时，奇姬塔就睡在女主人的床上。在巴黎，它和乔瑟芬的其他宠物一起住在窝棚里。

她还尝试参演电影，和让·迦本演对手戏(佩皮托在片场陪同)。

影片反响平平。乔瑟芬转而尝试唱歌。

初试牛刀，便让观众为之着迷。

红极一时的明星也许会满足于眼下的成功，然而一路凭借努力走过来的乔瑟芬却仍坚持苦练唱功(并大获成功)。1934年，奥芬巴赫为她量身打造的轻歌剧《克里奥尔女人》在巴黎玛雷尼歌剧院上演。

她用法语表演，(用法语)歌唱她对巴黎的爱……她早已不是《黑人风情》时的乔瑟芬，现在的她不再满足于只当一个异国风情的花瓶。

因为，她的第二故乡既没有种族隔离（她想去哪就去哪），
也没有清教风气。
（乔瑟芬可不止有“两个情人”。）
乔瑟芬曾尝试在纽约（齐格菲歌舞团）复出。可是美国观众纷纷指责她衣着过于暴露。
算他们没福气！
我受够了！我要回法国，再也不回来了。
乔瑟芬·贝克终于获得了她心爱国家的国籍……
……却赶上纳粹入侵法国。
哦，这可不行！我可是花了大力气才入法国籍的！
肯定有什么我能帮得上忙的……
于是，乔瑟芬加入法国抵抗组织，成为一名情报人员。
利用她的社交身份来窃取情报。
这太可笑了！
只是“里”行检“擦”，小姐！[1]
在乐谱上用隐形墨水传送情报
1 此处是德国口音的法语
战争结束后，乔瑟芬的卓越表现让她收获了各种军事荣誉勋章。
空军女兵少尉

她再婚了。
第五个丈夫就是真命天子了！
乔·布永，乐队指挥
不幸的是，一次惨痛的流产让她终身失去了做母亲的机会。
于是，她决定买下一座城堡，竭尽所能收养世界各地的孤儿（组成了她的“彩虹部落”）。
她到处演出，经常去美国，那里的种族隔离依然盛行。
……
白人女性专享
乔瑟芬与俱乐部老板们据理力争，在酒吧里大吵大闹，抵制在拥护种族隔离的场馆演出。
格蕾丝·凯莉
好了，咱们走吧，乔乔！
你个混……
她看清了未来的道路，与马丁·路德·金一起参加了游行。
我们游行为了
自此，她全身心地投入到保卫民权、抵制种族主义的运动中。
白人和黑人就应该像盐和胡椒，没什么特殊的！
她当选了反种族主义和反犹太主义国际联盟（那时候叫“反犹太主义国际联盟”）常务代表。
（只不过，她没什么时间唱歌了。）
乔瑟芬的财务状况变得乱七八糟。
太棒了，妈妈！！
意大利面！！

不得已，她和（众多的）孩子们被赶出了自己的房子。
出售
乔瑟芬投靠了她的好朋友格蕾丝王妃[1]，后者送了她一套公寓……
1 即格蕾丝·凯莉（Grace Kelly，1929—1982），好莱坞影星，1956 年嫁给摩纳哥国王，成为格蕾丝王妃。
别难过了，我们走吧，乔乔。
并连同另一位好友杰奎琳[2]一起赞助她重返舞台。
乔瑟芬在巴黎波比诺剧院，1975 年
2 杰奎琳·肯尼迪（Jacqueline Kennedy，1929—1994），美国第一夫人，约翰·肯尼迪的妻子。
1975 年 4 月 12 日，乔瑟芬在巴黎巡演途中脑溢血去世，波比诺剧院支付了她的丧礼费用。
要不然，她就只能躺在木头盒子里下葬！
数万群众出席了她在玛德莲大教堂的葬礼。按照她的遗愿，来自世界各地的鲜花被摆放在无名英雄墓前。
永别了，祖祖[3]
Au revoir Zouzou
3 乔瑟芬主演的电影《祖祖》中的主角名。
她以法国全套军礼葬于摩纳哥公墓（葬礼上还播放了她的成名曲《我有两个情人》）。
除了“彩虹部落”，她还留下了一个专门帮助被遗弃儿童的组织。
尽管说到乔瑟芬，人们想到的就是那条香蕉腰带，但乔瑟芬·贝克生前是个致力于社会公益、热心帮助他人、迷人勇敢的女性。
（正因为这样，人们才决定以这个来自密苏里河的女孩命名金星上的一个火山口。）
完

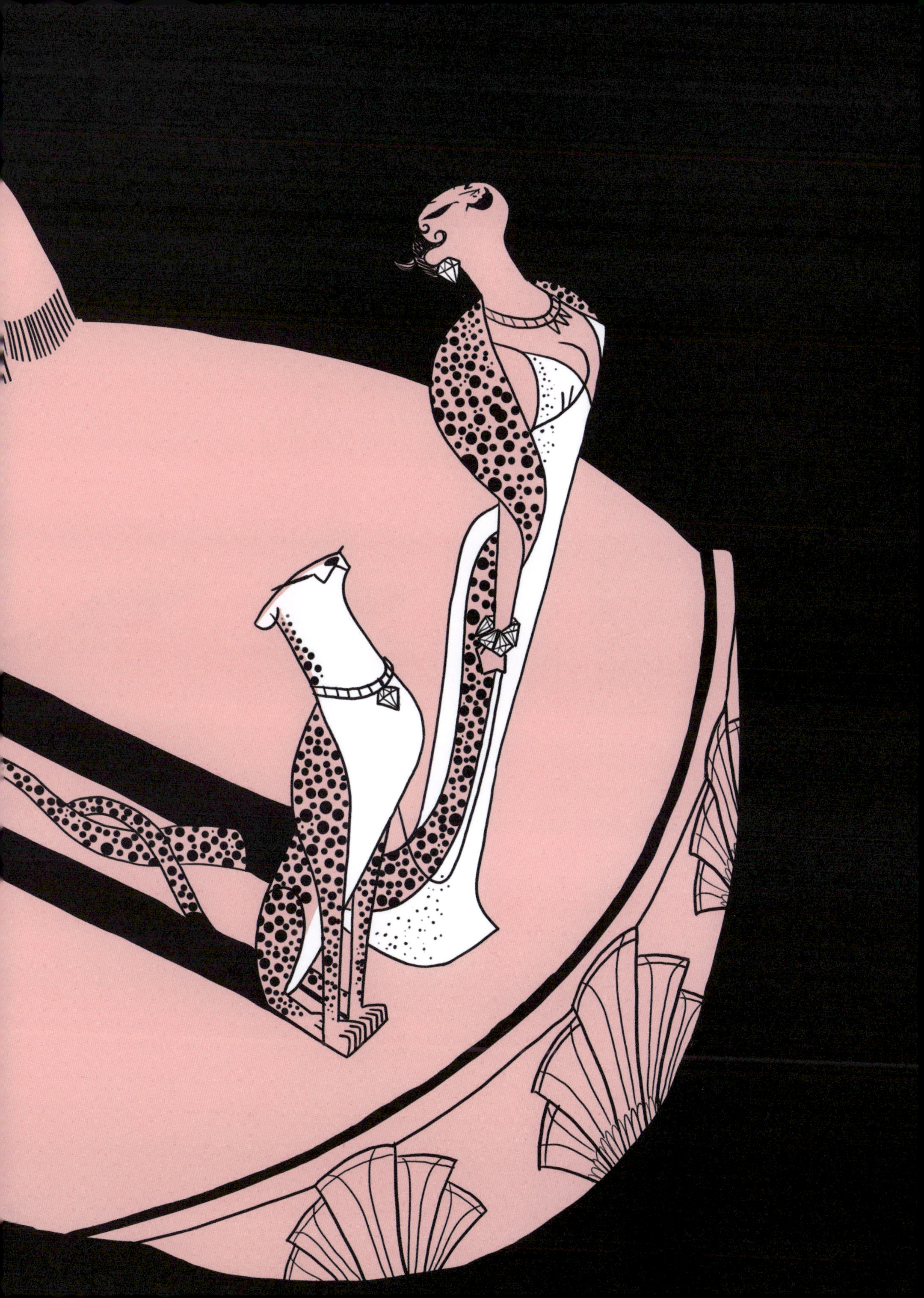

托芙·扬松

画家、精灵之母

1914 - 2001
托芙·玛莉卡·扬松的母亲在巴黎时怀孕，1914 年 8 月 9 日在赫尔辛基分娩。
小扬松还不会走路就开始画画了。
她的父亲维克多是名雕塑家，一家人生活在艺术工作室里。
托芙成长在一个快乐、富于创造力的家庭，大人和孩子可以连续几天聚在一起玩耍、画画、讲故事。
她的母亲塞恩是名插画师。她会画画、骑马、射击，还会给丈夫和三个孩子炖菜。她是小扬松的榜样。
她鼓励女儿做自己喜欢的事，不要在意别人的看法。
托芙 13 岁时出版了自己的第一本书。
SARA OCH PELLE
接着，她先后去斯德哥尔摩、罗马和巴黎学习艺术。

然而，托芙很难在这些艺术学院里找到归属感，因为所有这些地方都让她感到女人并不受欢迎。
艺术应该来源于胆量，你懂不懂？！
……
她大部分同学都放弃了艺术，投身家庭。
至于我，我可**没时间**结婚！也没时间去欣赏和安慰男人！我要么是个不称职的妻子，要么就是个不称职的画家！
她中途退学，自己创立了一个艺术家团体……
（并且回到了赫尔辛基。）
她回到芬兰不久，第二次世界大战就爆发了。
她的弟弟上了战场。
她的闺蜜因为自己的犹太身份逃往美国。多年的战争让托芙饱受创伤。
她凭借创作政治漫画来平复心中的恐惧及绝望。
（载于《嘎姆》杂志，1938年）
接着，她创作了一家子性情温和的小精灵，它们因彗星来袭被迫逃离美丽的山谷家园。
这就是诞生于1945年的姆明一家。托芙的生活从此改变。

最初，她只是把这部作品当成画家的副业，
而创作的灵感来自她幸福的童年生活。
姆明一家去迷人的海岛探险。
姆明妈妈非常有主见，并且鼓励她的孩子们坚持信念。
它们的朋友，有些疯癫的亚美，这是小托芙的化身。
虽说是写给孩子的书，但这不妨碍托芙在书中讲述自己的生活。
所有的静物、风景都是自画像。
例如，她想象出的人物托斯兰和比斯兰。
这两个小人总是手牵手，拎着一个手提箱，那是它们不能说的秘密。
当时，芬兰禁止同性恋行为，而托芙与一名已婚女性陷入了一段纯美的爱情。
（上文提到的手提箱中藏着一块绝世红宝石，总有人想从托斯兰和比斯兰手中把它偷走。）
她的书大获成功，托芙将自己的工作室搬进一座塔中。
梦想成真！
观众发现托芙·扬松的画作线条优美且具有惊人的表现力。
干杯！
首次个人画展。1950 年
一家英国报纸建议她创作姆明漫画连载。
虽然不知道会收到怎样的读者反馈，托芙还是同意了。
Tove

姆明热潮很快席卷全球。所有的报纸都争相登载姆明连环画，姆明一家的冒险吸引了全球1200万读者。
整整七年
毫无间断
托芙再无精力顾及其他。她没时间画画、没时间写作……人们开始称她为“姆明之母”。
日复一日地挖掘故事灵感和给读者回信（每一封都是亲笔）……
亲爱的姆明，
托芙所有的精力都投入到了报刊漫画连载上。她非常不开心，甚至开始讨厌她笔下的小精灵了。
华特·迪士尼提出购买姆明的版权。
（她把他打发走了。）
托芙十分消沉，直到一天晚上，她在聚会上遇到了芬兰艺术家杜里奇·比埃蒂拉。
她邀请对方跳舞。
（真丢人！）
她们一见钟情，相伴终老。
迪奇——姆明系列中的新人物（姆明在冬天的向导）。

托芙和杜里奇渴望远离尘世，回归自然。
她们在一个岛上盖了一座房子（不通电），一有机会就回岛上生活。
她们用搁浅的树枝进行创作，用不了多久，作品就会随风而散。
（尽管如此，她们隐居的小岛还是会不时地遭遇粉丝的突然造访。）
快看！那是姆明之母！！
1970年，托芙的母亲去世了。
悲痛欲绝的托芙决定写下最后一个姆明谷的故事。
然后，让我们一起离开这里，走得远远的。
在她们环球旅行的一年里，托芙终于可以喘口气了。
她重拾写作，这一次是出于兴趣而不是任务。
姆明“品牌”蓬勃发展：总计售出1500万册图书，衍生出主题电影、周边玩具……
托芙决定将接力棒交给她的弟弟纳斯……
（自此，姆明的故事由纳斯续写。）

而她自己则把时间花在了写作、画画、吸烟、旅行以及享受杜里奇的陪伴……
就好像喜爱做法式煎饼、野餐、讲故事和相互照料的姆明一家一样……
仿佛世间的一切都没有这些重要。
她们最后一次旅行去了巴黎。
托芙和杜里奇相继去世，享年 86 岁和 92 岁。
（托芙死于肺癌。）
尽管她创立了姆明“帝国”，尽管她是芬兰最有名的艺术家……
FINNAIR
托芙·扬松从未放弃自己的原则。
“只有对创作的热情及从中得到的喜悦从不会说谎。别人强加于我的事从未给我带来喜悦。不只是我，也从未给我身边的人带来过快乐。”
完

阿格诺迪斯

妇科医生

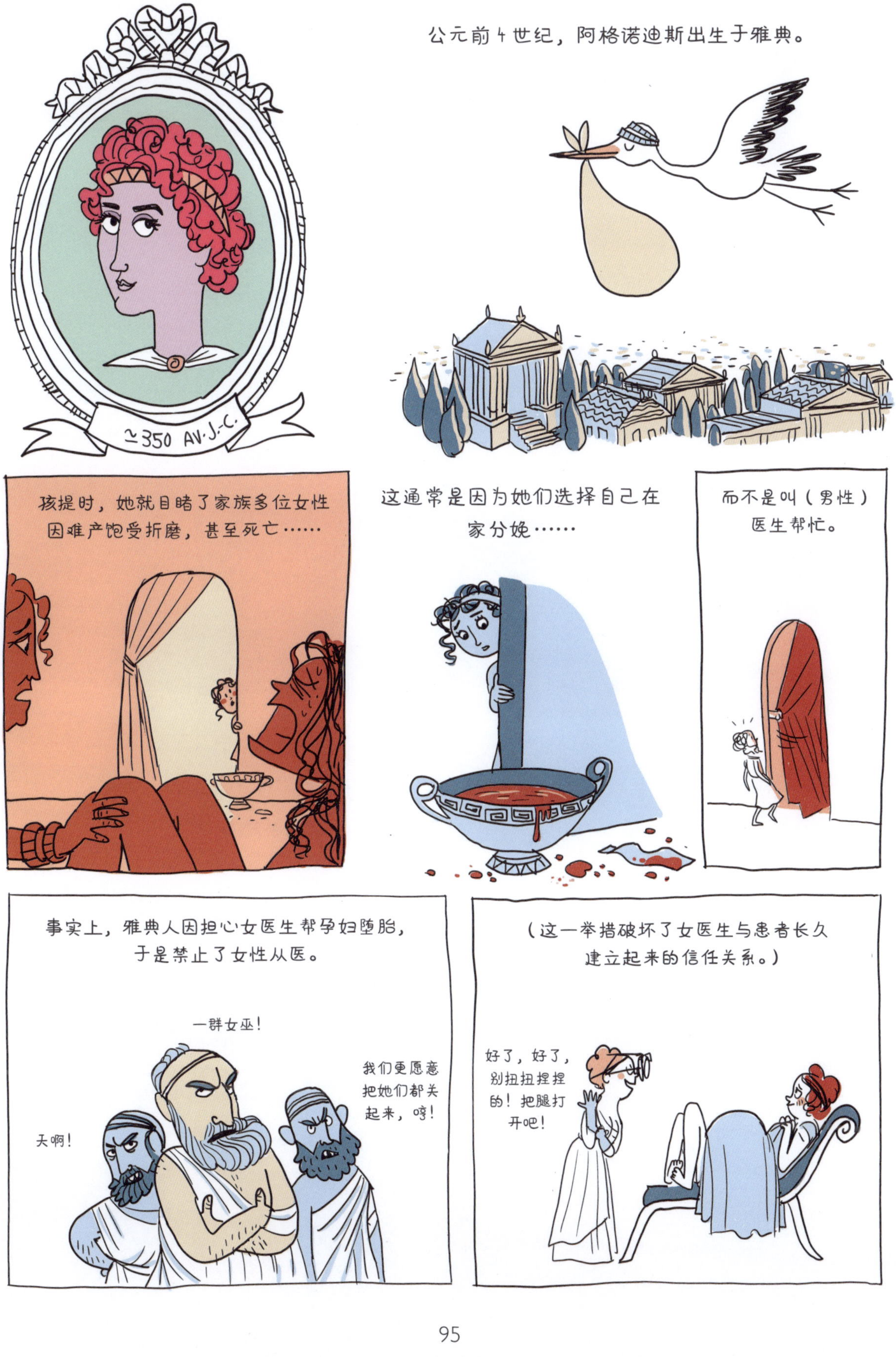
≃350 AV.J.-C.
公元前4世纪，阿格诺迪斯出生于雅典。
孩提时，她就目睹了家族多位女性因难产饱受折磨，甚至死亡……
这通常是因为她们选择自己在家分娩……
而不是叫（男性）医生帮忙。
事实上，雅典人因担心女医生帮孕妇堕胎，于是禁止了女性从医。
一群女巫！
天啊！
我们更愿意把她们都关起来，哼！
（这一举措破坏了女医生与患者长久建立起来的信任关系。）
好了，好了，别扭扭捏捏的！把腿打开吧！

年轻的阿格诺迪斯对这种荒唐的现象十分反感。
“禁止”？
我们走着瞧……
雅典大学
五号食堂
她借口去看一位女性朋友，踏上了一段漫长的旅程。
别和陌生人说话！
事实上，她去了埃及……
在那里，女性可以学医。
第八题你怎么写的？
“肝脏切除”，你呢？
（秘密）学成之后，她回到雅典，决心帮助雅典女性。
嗯……想法虽好，可归根到底我还是没有工作的权利。
于是，为了行医，她以男装示人。
起初，她和其他男性同僚一样，感到了患者的紧张不适。
请相信我，好吗？
一天，她救了一名女患者的命……
给你！
后者和闺蜜们分享了自己医生的与众不同。

这之后，阿格诺迪斯的秘密在女人中传扬开来，她很快成了雅典女性的“专属”妇科医生。
被抢去生意的男医生们变得十分恼火……
竟诬告阿格诺迪斯借行医的机会诱奸妇女。
什么？!
她被送上了由病患丈夫和男医生主导的法庭。
很好。
这是你们自找的。
走投无路的阿格诺迪斯为了自证清白，只得公开了自己的秘密。
没想到，男医生们更加恼火（特别是因为被骗而感到羞辱），他们要求处决违法行医的阿格诺迪斯。
这时候，阿格诺迪斯曾经帮助过的女患者们站了出来。她们愤怒地斥责她们的丈夫，并指出男医生们的无能。
羞愧不已的男医生们最终撤回了控告……
并修改了法律，允许女性从医。
完

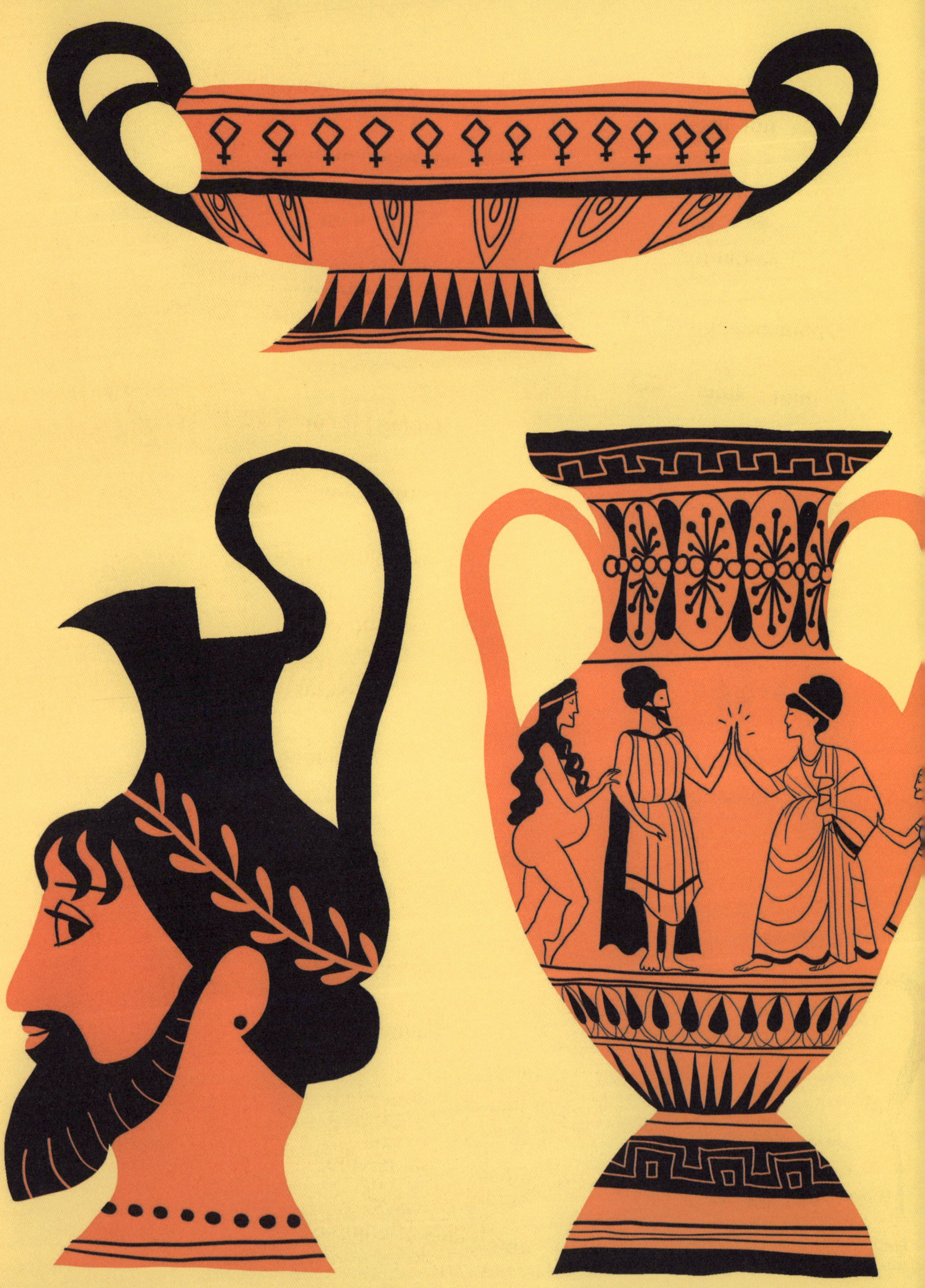

莱伊曼·古博韦

社会工作者

* 达拉斯市（Dallas），美国得克萨斯州的一个城市。

在莱伊曼生活的社区，她的朋友们信仰不同的宗教。当时，国家内部各集团间关系紧张，社会不平等现象十分严重。
① 来自美洲的利比里亚人与当地土著之间。
JUST DO IT
② 各部落之间：
克兰部落从事各种光鲜亮丽的工作。
集奥和马诺部落却只能干脏活累活。
1989年，一支反政府武装——利比里亚全国爱国阵线在查尔斯·泰勒的领导下推翻了克兰部落的统治，宣布夺取政权。内战全面爆发，街头巷尾枪声不断。
古博韦姐妹和她们的妈妈吓坏了，逃命到一间教堂，家当什么的全都顾不上带走。
整个城市陷于水深火热之中。虽然只有17岁，但莱伊曼明白青春的美好岁月结束了：她一夜之间长大成人了。
她们辗转来到加纳的一所临时难民营（看上去，难民生活不会是暂时的）。
她妈妈不愿向现状低头，把临时住所布置得和家一样，莱伊曼则卖起了炸糕。
莱伊曼总能吸引男人的目光。
尤其是一个叫丹尼尔的老男人，总是和她搭讪。莱伊曼觉得他有些奇怪（还有些咄咄逼人），不过，他送了很多礼物给她和她的家人。
我送你。

丹尼尔的温柔举动驱散了莱伊曼生活的苦难，更让她找回了年轻姑娘的正常生活。
晚安，莱伊曼。
她爱上了他。
但很快，丹尼尔变得善妒。
渐渐有些暴力。
怎么回事，“去了女性朋友家”？！
COMMENT ÇA, "CHEZ UNE COPINE"?!!
嗯？！
HEIN?!!
后来有一天，他开始动手打她。
莱伊曼决心离开他。就在这时，生活给了她一个小惊喜。
呃哇——
BLEÛÛÛÛARHH
1993年，内战进入白热化，乔舒亚出生了。
孩子的诞生并没有平复丹尼尔的戾气，他变本加厉地殴打莱伊曼，甚至强奸她。
BOM! BOM! BOM!
砰！砰！砰！
开门！！
莱伊曼感觉生活就像一个牢笼，痛苦不堪。曾经的海誓山盟让现在的自己显得一文不值。
战火依旧，莱伊曼在极度消沉中再次怀孕了。

她得知联合国儿童基金会提供社工培训，以帮助战争受害者。
是的，太好了。
随便什么都行。我只想从家里出来。
她借到足够的钱，不顾丈夫的反对（他对此感到耻辱，因为他刚刚失业），开始接受培训。
讽刺的是，她接受的培训内容恰恰是对女性的暴力以及家庭内部暴力的协调。
打破暴力的恶性循环
她被派去帮助那些塞拉利昂女性难民。
她们中大多数都曾被强暴，殴打致残。
然而，她们坚强且富有斗争精神，会开玩笑，仍然心怀**希望**。
比莱伊曼强很多倍。
当她离开时，那些女性难民向她道谢：
您做了其他人不愿意做的事：您倾听了我们的故事。
莱伊曼意识到她也有**擅长做的事**。
她的外派越来越频繁，有时候，她必须把孩子托付给姐姐。晚上回到家，丈夫的暴行变本加厉，但她不在乎。因为
从今往后
她有了一个
目标
17 岁的我**决不**会接受这种生活。这不是战争的错，也不是孩子的错。我并不是一无是处。我今年 26 岁，我值得过更好的生活。
我很**强大**。
于是，她带着孩子们头也不回地离开了。
干净利落。
（彩蛋：她并不知道自己再次怀孕了。）

她全身心地投入到调解事业中，其目的是让受害者重拾勇气，**打破沉默**。
大家好，我叫莱伊曼。
她意识到女性是内战首当其冲的受害者：每两个女性中就有一个被强暴，她们的孩子被拉去当娃娃兵，她们则要徒步几公里去养活家人……
然而，没有人倾听她们的故事，也没有人谈论她们的处境。从来没有。
她们席地围绕而坐，在烛光下依次讲述自己遭遇的苦难（莱伊曼总是第一个发言），每次都要讲好几个小时。
作为女性，我们要坚强。
在这里不用。
莱依曼长时间出差时，她的孩子们就和她姐姐一起生活。而当她回到家，她的孩子们已经不认识她了。
带着孩子味道的床单，以解思念之苦。
生活十分不易，但为了获得结业证书，为了承担更多的责任，她不顾一切地学习。
不管怎样，她都热爱学习。
她的培训内容还有一项是重新安置当过娃娃兵的孩子。
这些吸毒、行事暴力且对生活毫无希望的孩子成了边缘人（所有人都害怕他们）。
不过，莱伊曼可不是好惹的。
我家里有四个和你们一样的孩子！
好了，你们马上给我老实点。
莱伊曼被派去加纳参加讲座，在那里，她遇到了她的至交——受过良好教育的特尔玛·艾克约。两个人的成长环境云泥之别，却一见如故。
她们共同创立了一个行动小组，由女性主导和平谈判（该领域里，女性往往被忽视）。
这就是
WiPNET
（妇女建设和平网络，Women in Peacebuilding Network）

结合了理论与实践，莱伊曼用自己的方式建立了一系列有助于冥想、树立信心及重获自主权的练习。

枪林弹雨、宵禁和屠杀都没能阻止莱伊曼。

她依然坚持不懈地四处宣传。

只要女性团结起来便会有无限可能，凭着这一信念，她致力于让全国的女性联合起来。

以和平的名义，她成功地联合了基督教和穆斯林女性。

只有男人有能力终止这场战争。莱伊曼鼓励利比里亚女性发动“罢工”，拒绝与丈夫同床，向他们施压。

掌权者们终于愿意坐下来谈判。莱伊曼和受号召赶来的女性们堵住去路，不达成协议谁也别想离开。

在她的号召下，几千名身着白衣的女性聚集在查尔斯·泰勒宅邸前。她们来自社会各个阶层，信仰及年龄各异。她们之中有些人花了几天时间才走到这里，而有些人只找到一块白窗帘布裹身。但是，她们全都聚集在这里，不达目的决不罢休。

莱伊曼终于被叫到谈判桌前（坐在一群恶棍中间）。

面对官员们的不作为及其发战争财的邪恶意图，她感到无能为力。
真是受够了。
14年的战争让莱伊曼爆发了。
是时候让女人的怒火发声了!!
莱伊曼被谈判折磨得疲惫不堪。她绝望地扯掉自己的衣服，光着身子站在掌权者面前（这绝对是离经叛道之举）。
全世界都在关注利比里亚的局势。面对国际社会压力与日俱增，查尔斯·泰勒不得不于2003年8月11日辞职（此后逃亡至尼日利亚）。
两年后，利比里亚举行了民主选举。莱伊曼四处宣传，说服女性，尤其是贫穷和没文化的女性参与投票。
WIPNET
埃伦·约翰逊-瑟利夫当选，成为非洲首位女总统。她要求将泰勒引渡回国，以“反人类罪”对他进行审判。
臭婊子。
莱伊曼去了一所美国大学深造。她拒绝进入利比里亚政府工作。
我更擅长教女性们团结起来以解决世界的问题。
如今，她是6个孩子的母亲。他们都是女权主义者。
莱伊曼·古博韦获得2011年诺贝尔和平奖。
完

WE
WANT
PEACE!

乔吉娜·瑞德

灯塔守护者

1908-2001
1908年11月3日，乔吉娜·安祖拉塔出生于意大利的里雅斯特……
后来，她随母亲横渡大西洋到美国定居。
乔吉娜喜欢刨根问底。她必须弄明白每一件事：事物是如何形成的，又是如何运转的。
吉娜，快把你的鸡肉吃了！
美洲鸟类
她把所有的时间都用来阅读、创造和绘画。
纽约列奥纳多·达·芬奇艺术学院破格录取了年幼（15岁）的乔吉娜。
她进入“面料设计”专业学习，并遇到了自己未来的丈夫唐纳德·瑞德。
他们虽然搬到了皇后区，却对海洋心驰神往。
他们一生都在攒钱，想买一栋面朝大海的小房子。
他们终于梦想成真，搬到了长岛罗基波因特港的悬崖边上的一座小房子里，准备安度晚年。可是邻居们却警告他们说：
很遗憾，再过10年，我们的房子都会被海水淹没！
这是由于海水的冲刷腐蚀！

事实上，不到两年，一场暴风雨席卷了海岸，瑞德家的院子消失了 30 厘米。

唐纳德想把房子卖了，可乔吉娜不同意。她想起很久以前在书中看到的东西。

她去沙滩上拾树枝和芦苇，依据某种日本的工程技术画了草图后便着手动工。

这是她的工程图：

第二年夏天，只有瑞德家的院子在几场暴风雨中毫发无损。

长岛上另一个备受海浪困扰的建筑是：

灯塔位于小岛最东端，深受海浪侵袭之苦。自乔治·华盛顿时期修建以来，蒙托克角灯塔每天都眼睁睁地看着海岸线后退。

海岸警卫队试图用岩石来阻挡海水的侵蚀，却徒劳无功：海岸线继续后移。1967 年，灯塔的维护预算遭到大幅裁减，高昂的维护费用再加上自动电子信号导航的竞争，蒙托克角灯塔一度关闭。东区政府彻底放弃并宣布弃用老灯塔：他们将在远离海浪的内陆建造一座现代化的灯塔，而任由老灯塔葬身海底。

蒙托克角的居民们聚集在老灯塔前举行“点灯”活动以表抗议，试图说服政府挽救这座灯塔。

但是一切已成定局。

人们已经不抱任何希望，然而1970年的一天，海岸警卫队办公室迎来了一位个子娇小的女士，只有1.5米高的她看上去信心十足。
我有个计划。
beetle bailey
海岸警卫员虽然一开始表示怀疑，但内心却想着这个小老太太能弄出多大动静，不妨让她试一试。
×4000
您这计划要花我多少钱？
一分都不要。
预算符合海岸警卫员的期望，他批准了她的计划。
1970年4月22日，在丈夫、几名大学生和退休老人的帮助下，乔吉娜搬着芦苇和成袋的沙子“攻上”乌龟山山顶。
她虽然不是工程师，但却有着惊人的实践能力。她是个**天生的行家**。
再低些，年轻人！
The Who
几小时过去了，几天过去了，几个星期过去了……
他们不厌其烦地种着芦苇。
海岸警卫队不解地看着他们忙碌，终于在一年后决定加入他们的行列。
谢谢，我们能搞定。
不过如果你们想帮忙的话，就负责提供原料吧。
乔吉娜一层接一层地治理着斜坡（即使一条腿骨折），从不间断。天气好的时候，几十个志愿者和她一起……
下雨的时候，她就独自一人。
每个星期天都如此。
一直坚持了15年。

1985 年，乔吉娜的工程竣工了。
蒙托克角灯塔终于脱离了险境，海岸警卫队为乔吉娜举办了庆祝典礼。
典礼上，他们为她朗读了美国总统写给她的感谢信。乔吉娜喜极而泣。
美国历史学会为她颁发了荣誉奖章。
蒙托克角灯塔不再为船只导航，而作为历史建筑向游人开放。
$40
保持冷静
来
参观
蒙托克角灯塔
在她生命的最后几年，乔吉娜患上了阿尔茨海默症。
她忘了美国总统是谁，却清楚地记得土方工程的每个技术细节。
排水系统可是非常重要的！
乔吉娜没有孩子（“我有一个孩子！我的灯塔！”）。负责照顾她的护士在多年以前曾是瑞德团队的青年志愿者。
她最后一次带乔吉娜去灯塔（已经变成博物馆），是为了参加“乔吉娜·瑞德”展厅的揭幕仪式。
乔吉娜·瑞德享年 92 岁。连同历史学会的奖章一起，她被安葬在丈夫身边。
乔吉娜·瑞德
1908—2001
光明
守护者

完

克里斯蒂娜·乔根森

名人

乔根森夫妇生活在纽约市布朗克斯区。1926 年 5 月 30 日，他们迎来了第二个孩子……

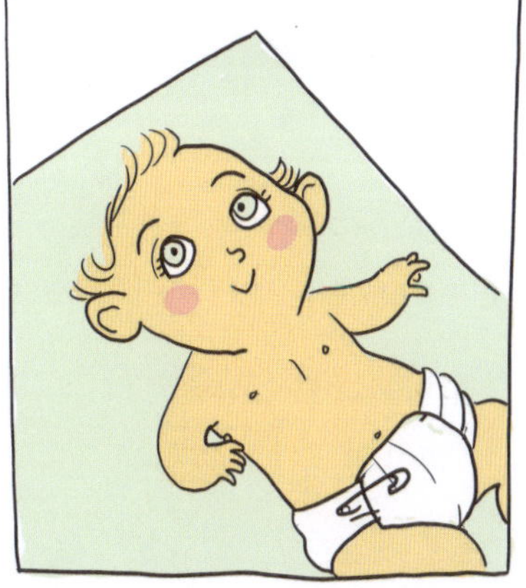

一个拥有男性身体特征的孩子。

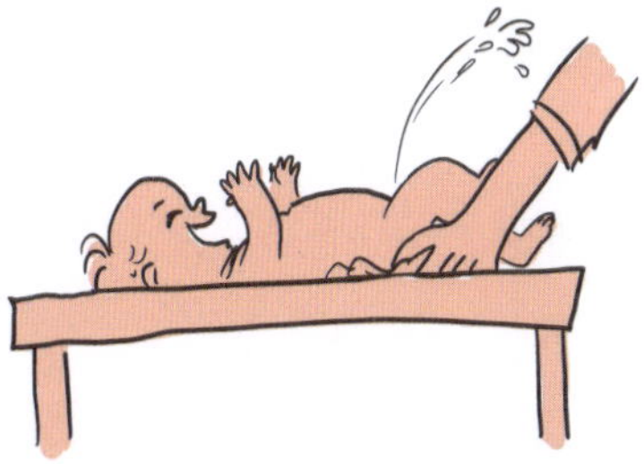

他们给他取名叫小乔治。

小乔治天生瘦弱，总是被人欺负。

他不仅讨厌男孩的装扮，还偷偷穿姐姐的漂亮裙子，尤其希望圣诞节时能收到玩具娃娃作为礼物。

青春期的乔治十分嫉妒他的好朋友。

或者说，他是嫉妒他好朋友的女朋友们。

乔治离群索居。他远离聚会，把自己孤立起来，有时还会产生阴郁的想法。

为了不让儿子继续钻牛角尖，乔治的爸爸在家里的厨房教他冲洗相片。

他最好的朋友上了战场。

乔治甚至希望他永远不要回来，这样他就不会再为情所困。

由于体重不达标，乔治被淘汰了两次……
但最终他入伍一年。在每个人都毫无特征可言的军队，没人注意到乔治，军旅生活过得还不错。
战后，乔治尝试当一名摄影师，但由于缺乏自信，他每次向顾客推销都很吃力（因此，他讨厌自己）。
乔治解不开心结，走投无路的他去了纽约图书馆，希望能找到答案。
还有，请给我所有关于腺体和荷尔蒙的书。
他能找到什么书就读什么书，可是他缺乏相关的医学知识。
他决定利用军人安置法案（给退伍军人提供免费的大学教育），学习生物学。
上了几个月课的乔治在头脑中隐约提出一个假设。
教授！假设……那个……如果，呃……一个男人注射雌性荷尔蒙……
这不可能。
不过乔治心想试试也无妨。于是，他自制了一款家庭荷尔蒙疗法。
将就一下吧。
（结果把自己折腾病了。）
他的一位医生朋友很担心他的身体状况。
首先：别再干傻事了。
其次：去一个对此感兴趣的国家：
丹麦。

打定主意的乔治办了一次告别聚会，邀请了家人和几个朋友，但却对此次旅行的细节含糊其辞。
致你认识的乔治，小妹！和他说再见吧！
??
23岁的他抵达了哥本哈根。
那个或许能解答他问题的人叫克里斯蒂安·汉布里耶医生。他是国立血清研究所内分泌科的主任。
您好，我叫乔治，我想知道我到底有什么毛病。
他向医生倾诉了一切：他内心的绝望、身处两性之间“无人之地”的窒息感，对自己“表里不一”的确信。
医生耐心地倾听他的叙述。
他没有看不起他，甚至没有表示出惊讶。
你具有男性的身体特征。
因此你被定义成男性。
但是，你的内心是女性，仅此而已。
于是，乔治同意当汉布里耶医生的试验品。3年里，他接受了大剂量的雌性荷尔蒙注射。
乔治，你知道这可能有风险吧？
是的，但是我没办法像这样继续生活下去。
在医生（以及一位心理医生）的密切注意下，乔治逐渐发现自己的脸、身体和嗓音都在发生变化……
喂？
是的是的，就是我本人。
接着，医生建议乔治接受手术，切除男性荷尔蒙器官。不过，手术必须得到丹麦法律部部长的批准。
同意。

手术后，乔治希望获得官方的承认。于是，她约见了美国驻丹麦大使，请求他修改自己护照上的名字与性别。
克里斯蒂娜
向世界上最棒的医生克里斯蒂安致敬。
乔治的内心始终是个女人，而克里斯蒂娜是个真真正正的女人。对于她来说，这个新名字让一切焕然一新。
终于敢按自己的心意穿衣服了
（因为没钱买新衣服，她对自己的西装进行了改造）。
克里斯蒂娜第一次公开亮相是和闺蜜逛美容院。
我……我这辈子从未如此开心过。
People
现在，克里斯蒂娜觉得自己漂亮又强大。信心满满的她接到很多摄影工作，甚至接拍了一部电影。
她告诉汉布里耶医生自己已经准备好接受第二次手术。而且，她觉得是时候给家人写封信了。
你们还记得那个离开美国的、曾经痛苦又害羞的人吗？现在，他已经不在了。大自然犯了个错误，而我将其修正过来了。现在我是你们的女儿了。
C.
然而，《纽约时报》的一位热衷花边新闻的记者发现了这封信。他花言巧语地说服了乔根森夫妇，发表了一篇耸人听闻的且一半造假的报道。
退伍大兵
化身
金发美女！！
小乔治，在前往丹麦之前
不可思议的手术
变身成为
刚刚从手术麻药中醒来的克里斯蒂娜惊讶地发现自己收到了雪片般的电话采访请求。
还是找您的。我该怎么说？
她的父母巧妙地躲开了狗仔的追踪，来到哥本哈根与她团聚。乔根森夫妇终于见到了分别多年的女儿。
你太漂亮了！
与父母的重逢给了克里斯蒂娜勇气，让她充满自信地回到美国。
纽约机场的停机坪上，300名记者翘首以待。
克里斯蒂娜！
Christine!
克里斯蒂娜！
Christine!
克里斯蒂娜！
Christine!

克里斯蒂娜本希望低调处理，可既然人们都想来看一看她，想听一听她的声音，她便借机告诉所有像她一样饱受内心挣扎的人们：

科学凌驾于自然之上取得的胜利让冷战中的美国人民兴奋不已。

克里斯蒂娜代表着未来。

媒体争相报道她，因为她耐心地回应所有采访。读者来信像雪片一样飞往报社：尽管寄信人没有署名，但他们都是和克里斯蒂娜有着同样经历的人。克里斯蒂娜解答他们的问题，帮他们出主意。

克里斯蒂娜并不是第一个接受变性手术的人，却是首位公开亮相的美国人。

克里斯蒂娜成了报刊界的宠儿：人们称赞她的勇气及美貌。她完全被大众所**接受**了。

虽然她向往的是平静的生活，但却感到自己有责任好好利用公众的好感：她认真对待每一次报刊采访，去大学演讲，甚至出了一本自传：

（卖出50万册。）

3年后，她的故事被搬上了大荧幕。尽管她再三要求（她是改编顾问），电影公司还是不同意让女演员饰演她的角色。

1959年，她的恋人向她求婚。然而，纽约法院拒绝了他们的结婚申请，理由是“小乔治”的出生证。

慢慢地，记者们的问题越来越大胆。

公众对她的迷恋正在消退，克里斯蒂娜逐渐变成了马戏团小丑。例如在一次电视节目中，主持人居然问她“您和妻子的关系怎么样”，对此，她决不任人摆布。

（她在直播中扔下主持人直接离场。）

观众对魅力勇敢女性的形象不再买账，媒体立刻调转风头，变得恶毒（且愚蠢）：“变性人”、“退化”……杂志也开始使用“他”来指代克里斯蒂娜。
唉，
看来美妙的宽容时代结束了。
CHRISTINE JORGE
冷静过后，美国社会还是很难接受这种介于“男性”和“女性”之间的灰色身份。
那他到底是个什么？
不清楚！
TIMES
总之，克里斯蒂娜不胜烦扰。
然而，她依然是舆论中心……
注意注意！
独家报道！！
克里斯蒂娜：
“我想重新变回男人！！”
家人惊天大爆料（第3页）
她心里思量着，就让他们嘲笑吧，至少还有人听我说话。
于是，克里斯蒂娜勇敢地面对这一切。她总是从容耐心地回答问题。尽管她招来了某些人的憎恨和恐惧，克里斯蒂娜依然努力让自己成为那些生活在暗处的、和她有着相同遭遇的人们的公众代言人。
不管身体构造如何，我都是一个女人，因为我的内心就是女性。
她参加各种慈善晚会，还当选斯堪的纳维亚协会“年度女性”……
她过着明星般的生活。
以至于有人建议她登台演出。
嗯……
我？
因此，克里斯蒂娜在曼哈顿“弗雷迪晚餐俱乐部”演唱了《我爱做女孩》，引起轰动。
拉斯维加斯的撒哈拉赌场酒店预定了她好几场演唱会，却在她登台前一刻毁约，理由竟然是“她”是个“他”。
多栖艺人工会帮她解了围，要求赌场必须每周支付克里斯蒂娜12000美元。

她的歌手身份让她在加利福尼亚有了舒适安稳的生活，并在那里度过余生。
晚年时，她曾要求美国副总统公开道歉，因为后者嘲笑一位政客时将其戏称为：
共和党的克里斯蒂娜·乔根森。
哈 哈 哈 哈 哈 哈
她对人们心态的变化很满意：
如果我现在做变性手术，没人会介意！
这已经是见怪不怪的事儿！
克里斯蒂娜死于膀胱癌，享年62岁。这可能是她常年接受实验性治疗的缘故。她的侄女和朋友们把她的骨灰撒入海洋。
即便她是个猎奇“玩物”，即便她是一个活泼、不拘小节的人，这并不妨碍她要求获得他人的尊重，捍卫自己作为女性的权利……
亲亲，坏脾气的家伙们！
……以及过上有尊严的生活的权利，哪怕毫无隐私可言。
她顶着巨大挑战成为公众人物，就是为了鼓励他人勇于做自己。
“我也许没能为性革命‘开球’，但却给了它‘临门一脚’。”

完

OPEN
LIFE

武则天

女皇帝

624 - 705
小武则天生于2月17日，
出生那年发生了日全食。
她的父亲是四川的官员，
十分支持小武则天读书。
论语
她很快表现出超龄的智慧及
文学修养。
额……这太简单了！
我演的是**柏拉图**！
加上她姣好的相貌，小武则天
12岁时就被当时女子最梦寐以
求的职位选中……
侍奉皇帝。
啊。
她被唐太宗封为五品才人。
表面光鲜而已。
一天，她驯服了一匹烈马，毫不起眼的她
引起了唐太宗的注意。
你好像还会
写字？
我会五
种语言，
干吗？

唐太宗为她赐号“媚娘”（“妩媚的女人”），此后，武则天几乎成了唐太宗的秘书，每天都要帮助他处理政务、批阅奏折。

然而，对她一见钟情的是唐太宗的儿子——唐高宗。

649年，唐太宗驾崩。武则天依例与部分没有子女的嫔妃一起入寺为尼。

高宗即位（册立皇后）后，一直与武则天私会，三年后……

终于将其重新接入宫中，封为嫔妃。（先后嫁给父子俩的武则天难免引起宫中众人的反感……

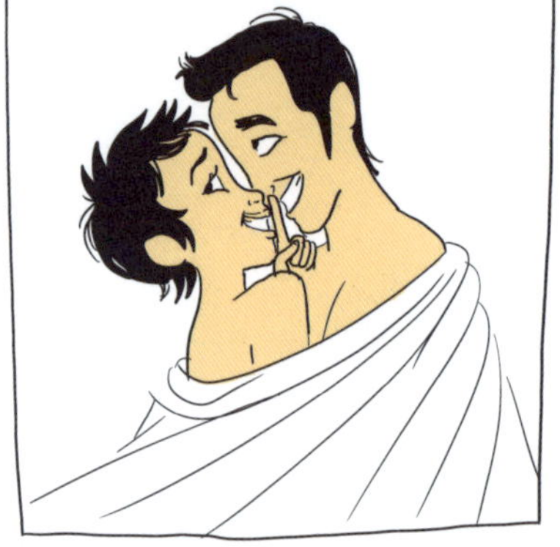

……尤其是王皇后和萧淑妃）

不久，武则天生下她和高宗的第一个儿子，后被册立为太子。她在宫中的日子越发难过了。

（此后，武则天便开始了与一众争风吃醋的嫔妃勾心斗角的日子。）

很快，武则天又生下了一个女儿。遗憾的是，小公主出生没多久就死于窒息。这可能是宫殿通风不畅再加上燃烧炭火造成的。*

* 也有历史学家指出是武则天自己掐死了孩子。这一假设听上去十分荒谬。

武则天将孩子的夭折怪罪到她的对手身上，高宗听信了她的话。

“罪魁祸首”们被赶出了皇宫，后来被赐死。

武则天终于成功登上了后位。
接近权力巅峰的武则天对政事颇有见解，事事都想发表自己的意见。
天啊，你不会要批准这个吧？
不分昼夜。
你看，我重新考虑了这个降低税收的事，我觉得……
慢慢地，武则天与皇上被并称为“二圣”，共同统治唐帝国。660年，高宗风疾发作，不能处理国家大事，于是让武则天代为处理朝政。
朝中大臣纷纷质疑武则天的权力，认为对一个女人俯首称臣实在有失颜面（牝鸡司晨）。
他们密谋反对武则天，皇上这位令人厌烦的妻子。
武则天得知后很是担心，便设立了某种特务机构，秘密逮捕反对她的大臣。很多人被打入大牢（甚至落得更惨的下场）。
高宗驾崩，太子李显继位。
但武则天认为新皇帝非常不称职。
于是，她废黜了李显，另立她的小儿子李旦为皇帝。李旦虽然也不是个称职的皇帝，但他性格怯懦，易于操控。
武则天借口皇帝口齿不清，便代他宣读圣旨（她当然想说什么就说什么了）。
690年，李旦受够了这样做戏，主动让位给自己的母亲。

武则天正式登上帝位，自称“圣神”皇帝，成为中国历史上空前绝后的唯一女皇帝。
她不顾众人反对，改唐为周，建立了中国历史上最短的朝代（690年—705年）之一。
前朝的达官显贵们几乎都因此而憎恨她。
不过，他们的坏日子才刚刚开始，因为女皇登基后的每一个决策都让他们头疼不已。
首先，她开始整顿吏治：打击贪官污吏，强制那些贪生怕死和墨守成规的官员们参加考试，以考核他们是否了解自己所言何物。
0/20
白痴！
例如，在乡村考核县官是否会耕种。
她坚信量才录用的方式可以丰富多样性，鼓励有抱负的国民参加科举，不问出身，任人唯贤。
天啊，这是开玩笑吗？！
为避免任人唯亲及空降委派，武则天首创了殿试制度（史无前例）。
我最大的缺点？那可能就是“我是个完美主义者”。
她因此选拔了不少贤才，例如她的宰相。
为了提高女性的地位，武则天让学者们为历史上著名的女性写传。
她还颁布了12条法令，极大地提高了女性地位，例如允许女性接受教育、允许女性参政等权利。（几乎开创了历史的先河）
对比：同一时期，墨洛温王朝的女性地位还处于“永久被监护”中。

此外，她还斥重资修建佛像，大兴佛教。她下令建造的佛像群还被联合国教科文组织列入《世界文化遗产名录》。不过，兴建佛像的费用来自军费，因此武则天把国家的武装力量减到最低。
武则天最大的功劳在于改善了农民的生活条件（以及降低了他们的赋税）：事实上，她出台的法令相当于劳动法的雏形。
然而，她不是只有拥护者。
晚年的武则天疲惫不堪，最终禅位于自己的儿子。太子继位后立刻复辟唐朝，仿佛他母亲的朝代从未出现过。
（直至去世前，武则天身边都不乏男宠，其中最著名的要数张易之、张昌宗两兄弟，他们比武则天年轻50岁左右。）
武则天享年81岁。按照传统，继任者应为武则天树碑立传。
然而，武则天的墓碑上却没有刻一个字。
武则天以手下的密探及对政敌的心狠手辣著称，长久以来，历史学家都将武则天描绘成中国版的红心皇后（《爱丽丝梦游仙境》）。
而且，她是靠上床上位的！
出人意料的是，武则天统治下的武周时期虽然昙花一现，但在许多方面（社会稳定、艺术、社会发展……）却是中国历史上最繁荣的朝代之一。
然而，伴随这位女皇帝的始终是“恐怖”、“野心勃勃”、“铁腕”……
这几乎是中国历史上历代帝王的（必备）通性……
只不过放到女人身上就不那么容易被接受了。
完

坦普·葛兰汀

动物行为学家

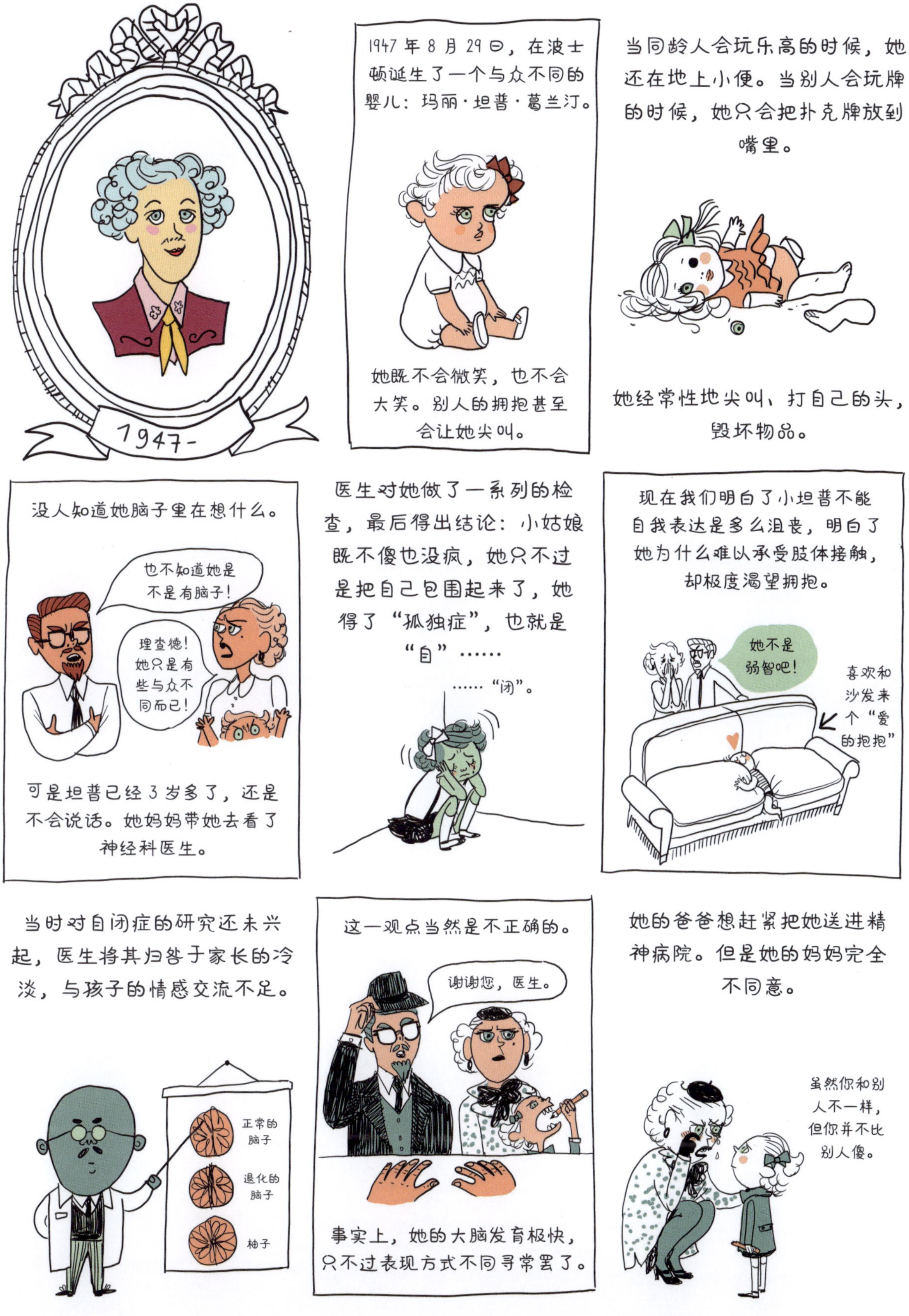
1947-
1947年8月29日，在波士顿诞生了一个与众不同的婴儿：玛丽·坦普·葛兰汀。
她既不会微笑，也不会大笑。别人的拥抱甚至会让她尖叫。
当同龄人会玩乐高的时候，她还在地上小便。当别人会玩牌的时候，她只会把扑克牌放到嘴里。
她经常性地尖叫、打自己的头，毁坏物品。
没人知道她脑子里在想什么。
也不知道她是不是有脑子！
理查德！她只是有些与众不同而已！
可是坦普已经3岁多了，还是不会说话。她妈妈带她去看了神经科医生。
医生对她做了一系列的检查，最后得出结论：小姑娘既不傻也没疯，她只不过是把自己包围起来了，她得了“孤独症”，也就是“自”……
……“闭”。
现在我们明白了小坦普不能自我表达是多么沮丧，明白了她为什么难以承受肢体接触，却极度渴望拥抱。
她不是弱智吧！
喜欢和沙发来个“爱的抱抱”
当时对自闭症的研究还未兴起，医生将其归咎于家长的冷淡，与孩子的情感交流不足。
正常的脑子
退化的脑子
柚子
这一观点当然是不正确的。
谢谢您，医生。
事实上，她的大脑发育极快，只不过表现方式不同寻常罢了。
她的爸爸想赶紧把她送进精神病院。但是她的妈妈完全不同意。
虽然你和别人不一样，但你并不比别人傻。

她妈妈每周送她去见三次语言障碍矫正专家。医生教小坦普发音、组词，并赋予词语意义。
8？
无限大？
眼镜？
最后，他教会了小坦普与人交流。
她妈妈感到是时候让她回归普通人的生活了。
晚上见，我的宝贝！
坦普很喜欢她的学校、同学和老师。可是，社交生活于她不啻一场无休止的战争。
学校的钟声震耳欲聋
老师身上的香水使她眩晕
校服过紧的领口让她窒息
新袜子扎得她脚痒
她捕捉得到嘈杂的食堂里的每一个声音
坦普大脑接收到的信息全部被放大了，它们被扭曲并且失去了控制。
惊慌失措的她只能通过重复性的动作让自己平静下来。
？
她妈妈说服学校让小坦普参加男孩专属的木工作坊。
她表现出了极高的天赋（而且，制作物品似乎能让她放松下来）。
她的视觉天赋终于有了用武之地。事实上，她通过图像来思考，而非语言。她的大脑就像一台高速运转的电脑，把所有图像精确地分类、储存起来。
因此，对于她来说，一切抽象的概念，例如情感，都是一个谜。
妈妈！小婴儿发出了一种奇怪的声音！
总而言之，她听不懂笑话，却总能在几秒钟内找到查理（一种儿童视觉游戏）。
不过，坦普已经准备好去迎接人生中最残酷、最令人心碎的经历了：

女子
学院
对于坦普来说，那里实在是太大、太吵、太动荡又太复杂。她不停地反复念叨好让自己冷静下来。由于她不会看脸色，也听不出潜台词，所以她压根看不出别的女孩在嘲笑她。
对了！我们投票决定，从现在开始，你就叫“白痴”，好吗？
嘻嘻！
嘻嘻
嘻嘻！
坦普坦普
我叫坦普
坦普坦普
不过她偶尔会失去理智。
她会满地打滚。
尖叫。
打人。
她被学校开除了。
这次，她爸爸认为是时候一劳永逸地摆脱她了。
她是个白痴，而你却不愿意面对现实！
我不准你这么说我的女儿！！
10000片
她妈妈决定使出最后一招……
送她去一所非常特别的学校。这所学校在森林里，只有30来个学生。
汉普郡乡村学校
接收特殊学生
（与此同时，她的父母离婚了。）
有点像X教授创办的X学校，在那里，坦普终于遇到了和自己一样的人。
你们来到这里，并不是因为你们的缺陷，而是由于你们的能力，这两者往往是辩证统一的。
在这群社会不知如何安置的奇怪少年中间，坦普找到了安全感。她交到了朋友（却还是对青春期懵懂无知）。
男孩子？……这个嘛，我还是觉得其他物种更有趣些，例如小狗或小猫。
朋友们戏称她为“超级假小子”。
她绘画非常棒（尤其擅长画马）。（她极其不擅长画人像，因为画不出人脸。）她不喜欢学习，注意力也无法集中，在课堂上还会陷入恐慌，老师们对此很担忧。
她像是一头困兽，随时保持着警惕。
她妈妈想出了一个主意（非常坚定地！）：暑假把她送到亚利桑那州的姨妈家……
……她家有个牧场。

坦普发现了一个新世界。她对牲畜产生了强烈的（充满好奇的）好感。她从未与谁如此亲近过。
你好啊，老奶奶。
她看到人们把动物固定在一个装置里以便给它注射疫苗。装置里的动物们看上去安详平静。这让她也想钻进去试一试（当然是偷偷地）。
她蜷缩在里面，被完全包裹住，她感觉好极了。
回到学校之后，她做了一个复制品，取名叫“拥抱箱”。她经常让室友把她关进去一个小时。
知道了。
谢谢！一会见！
她让所有的朋友都钻进去试一下，观察他们的反应，并对其进行研究分析。
你觉得内心平静吗？
嗯……是的。
她不断地改进她的装置。
她发现自己喜欢这件事。是的，她对此乐此不疲。是的，她知道这将成为她的事业：她要当**科学家**。
一夜之间，她对学校的课程产生了兴趣。如果是为了解决难题，她就喜欢学习。她决定去上大学，学习动物学。
她展开了一个科研项目，内容是工业养殖动物的福祉。
你是指猫狗吗？
不，不是的，是牲口。
在1974年，这个题目从未引起过人们的兴趣，就连她的导师都觉得这傻透了。
牲口？可是……为什么要为这些人们养大就杀掉的动物操心呢？
管他呢，她向最偏僻的美国西部农场出发……
我的拥抱箱就交给你保管了！
……实地考察去了。

很难说她受到了当地人的欢迎：
大学生
来自东部
听不懂牛仔的笑话
还是个女人
说话方式怪异
最糟糕的是，当地人认为她的想法荒唐至极（她居然来掺和他们的工作）。
她说牲口的语气就像是在说人！
白痴。
她不止一次被戏弄，不是像魔女嘉丽似的被人泼一身血，就是被人扔带血的牛睾丸。
Krrr
Krrr
Krrr
不过，信念坚定的坦普不急不躁地继续着她的研究。
她像动物一样思考的能力使她成了一个敏锐的观察者。
老天，很明显这牛圈太窄了！
坦普知道，奶牛和她一样，最大的敌人不是痛苦，而是恐惧。
您对它们大喊大叫，用鞭子驱赶它们前进！它们有理由一动不动，因为您吓着它们了！！
只需稍加注意，就能发现很多改善奶牛生活条件的简单方法。她从奶牛的角度出发（“感同身受”），寻找一切会让它们焦虑的事物。例如：
飘扬的旗帜
孤独
铁链的冲击声
光滑的地面
投下来的阴影
凭借她的“动物第六感”，坦普提出了解决方案。
应该让它们成群地前进……还要避免走直线……

她下意识地绘制出极其详细的设计图。
天桥
入口
垂直栅栏
围墙
梯子
内部
转门
拉门
门
在读博士期间，她参观了一些屠宰场，那里的条件难以想象地恶劣。
“如果真的有地狱，我已身在其中。”她写道。
她开始组织参观、拍摄视频、征集公众意见、让屠宰场主们认识到自己的责任。
拿着！
我把我的设计图送给你们！看在上帝的份上，改造你们的屠宰场吧！！
起初，人们都把她当成疯子（或者白痴）。对此，坦普早就习以为常了。
对于一个动物爱好者来说，与那些为了宰杀而饲养动物的人为伍显然不是件容易的事情。要是人们不宰杀动物就更好了。
不过，全世界不可能一夜之间变成素食主义者。在此之前……
这些动物难道不应该得到更好的照料？
就因为它们将被宰杀，它们就活该受罪？
她想制订考核标准，却不知如何量化这个标准。按照焦虑的程度吗？于是，坦普制作了一份严格的评估表：计算牛群前往屠宰场途中“哞哞叫”的次数。
因为正常情况下，如果一切顺利，牛既不会哞哞叫，也不会奔跑，更不会跌倒。
必须严格遵守每100头的牛群里发出最多不超过3声“哞哞叫”。
起初，只有25%的美国屠宰场通过了考核。然而，坦普的影响力越来越大，到最后，所有的屠宰场都希望得到“考核通过”标签。因此，他们不得不进行改革。但是每年，坦普都会提高考核标准。
为了增加知名度，那些大型快餐连锁品牌纷纷要求肉类原料必须通过“坦普·葛兰汀考核”。
很快，一半以上的美国农场都参加了考核。

1 奥利弗·萨克斯（Oliver Sacks，1933—2015），经验丰富的神经病学专家，具有诗人气质的科学家，在医学和文学领域均享有盛誉。

完

索妮塔·阿里扎德

说唱女歌手

1996 -
索妮塔出生于阿富汗的赫拉特。
她的名字在阿富汗语里表示“燕子”。
她出生在一个大家庭，她家的女孩子是用来换取钱财的交易筹码。
她的父母是老夫少妻：她的妈妈 12 岁就嫁给了她的爸爸（刚结婚时还叫他“叔叔”）。
小索妮塔在饥饿和恐惧中长大：塔利班统治着她的国家，在那里实施极其严厉的伊斯兰教法。
索妮塔 9 岁时，她爸爸去世了。紧接着，她妈妈宣布她为索妮塔找了个丈夫。
丈……？
尽管阿富汗宪法规定女性的法定结婚年龄为 16 岁，但很多女孩很早就被父母嫁了出去。
索妮塔很开心：她就要穿漂亮的裙子了。
她对即将发生的事一知半解，以为结婚就是“过家家”。
她还不知道等待她的是什么：家暴、家务，毫无健康保证或受教育的权利。
这场婚最终没能结成。
不久，索妮塔随家人逃离了塔利班统治下的阿富汗……
前往伊朗。

逃亡途中，他们被塔利班洗劫一空，对方甚至威胁要劫持索妮塔。
小姑娘第一次认清了一个事实：
她不过是个待价而沽的商品。
她的妈妈把她托付给了索妮塔的姐姐，后者和女儿一起住在德黑兰。
她找到一家专门帮助难民儿童的福利中心，那里的工作人员教会她写字（并尽最大可能帮助她）。
索妮塔没有证件，也没有身份，她找不到正式的工作，只能在福利中心兼职。
一天，正在打扫的索妮塔在收音机里听到了一种从来没听过的音乐，她的内心受到了极大的震撼。
那是说唱。
她虽然听不懂歌词，却被节奏、速度以及歌曲表达出的愤怒深深吸引。
索妮塔心中的怒火与之产生了共鸣。
在福利中心，她遇到了其他被父母嫁给陌生人的女孩们。
你真幸运！你嫁的人只有20岁！而且没有孩子！
他花了3000美元把我买下来。你呢，你想出多少钱？

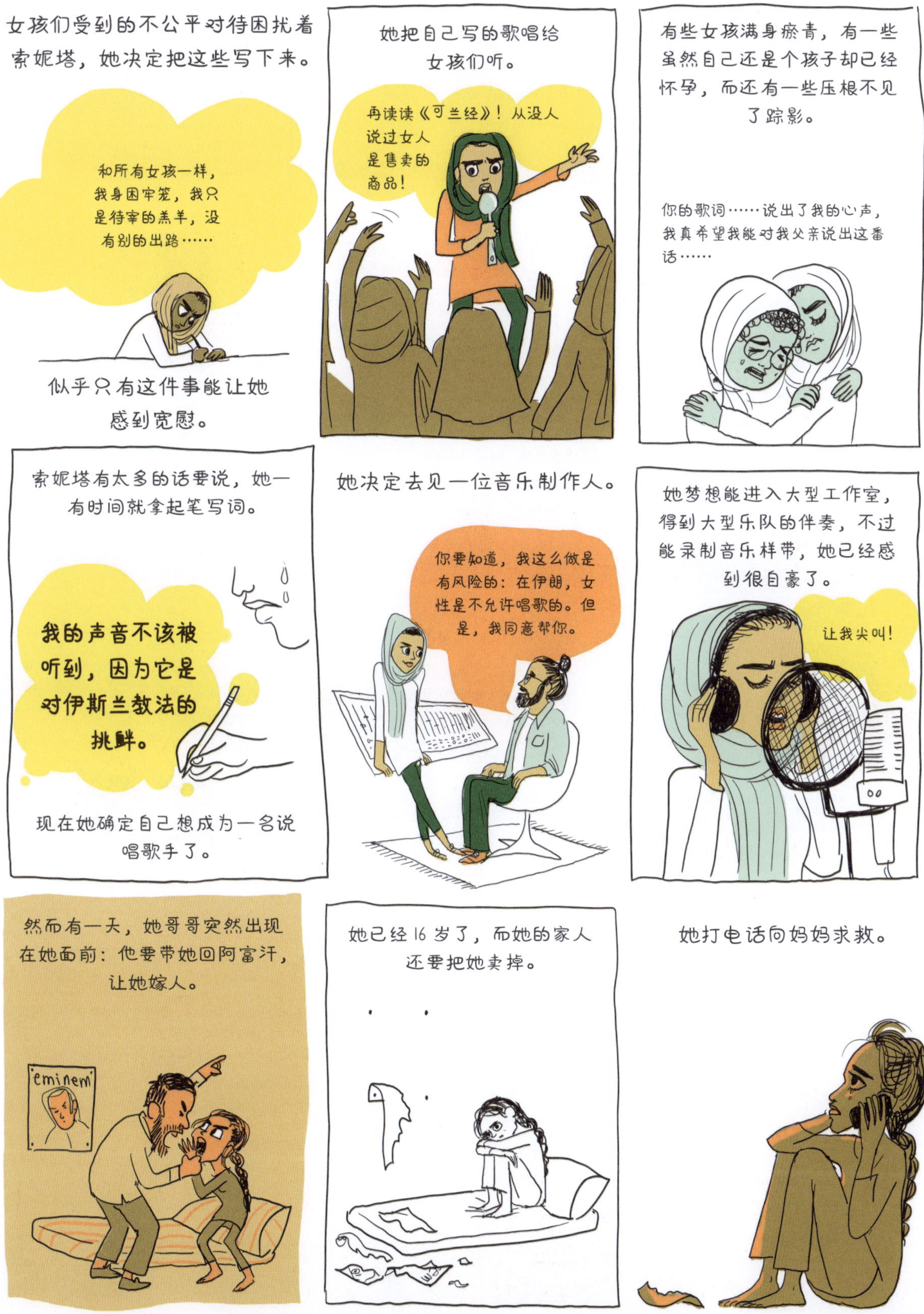
女孩们受到的不公平对待困扰着索妮塔，她决定把这些写下来。
和所有女孩一样，我身困牢笼，我只是待宰的羔羊，没有别的出路……
似乎只有这件事能让她感到宽慰。
她把自己写的歌唱给女孩们听。
再读读《可兰经》！从没人说过女人是售卖的商品！
有些女孩满身瘀青，有一些虽然自己还是个孩子却已经怀孕，而还有一些压根不见了踪影。
你的歌词……说出了我的心声，我真希望我能对我父亲说出这番话……
索妮塔有太多的话要说，她一有时间就拿起笔写词。
我的声音不该被听到，因为它是对伊斯兰教法的挑衅。
现在她确定自己想成为一名说唱歌手了。
她决定去见一位音乐制作人。
你要知道，我这么做是有风险的：在伊朗，女性是不允许唱歌的。但是，我同意帮你。
她梦想能进入大型工作室，得到大型乐队的伴奏，不过能录制音乐样带，她已经感到很自豪了。
让我尖叫！
然而有一天，她哥哥突然出现在她面前：他要带她回阿富汗，让她嫁人。
eminem
她已经16岁了，而她的家人还要把她卖掉。
她打电话向妈妈求救。

她妈妈坐了第一班客车来到德黑兰。母女俩已经好几年没见面了。
然而，重逢的短暂喜悦过后，她妈妈立即表明了来意：
?
她是来接她回去的。
你哥哥需要9000美元娶媳妇。我们得把你嫁出去才能凑到这笔钱。
什么？可是……那我呢？我就不重要吗？
（答案：是的，她并不重要。）
你想把我卖了。你想卖了你的女儿。
索妮塔备受打击：就在她终于找到了自己的出路，看到了自己的未来的时候……
她妈妈一遍遍机械地重复着：
这是传统。我们也没办法。
于是，索妮塔给妈妈讲了她的音乐和歌词。她告诉妈妈，说唱对自己来说是最重要的。
太丢人了！如果这事传到赫拉特，我们颜面何存？！
你还不如学学做饭！
与此同时，伊朗女导演洛克赛·葛海姆·马伽米发现了索妮塔的说唱。
她决定跟拍索妮塔。
开始，开始。
你就当我不存在！
那你呢，洛克赛，你想不想把我买下来？反正我就是用来出售的！买下我的自由时间，够让我完成我的歌曲就行，我会还钱给你的！
08:15

洛克赛向索妮塔妈妈支付了2000美元，为索妮塔换取了6个月的自由。
OK，6个月！开始了！
黑色背景布、些许妆容加上洛克赛的摄像机，索妮塔拍出了自己的第一支MV《待售的新娘》。
她把这支MV上传到油管上。
发送
（接着，因为害怕家人的反应，她关闭了手机电源，整整两天与世隔绝。）
仅仅两周，这支MV一炮而红，引发了舆论高度关注……
6150
一天，一个名叫“坚强的心”的组织找到索妮塔。
他们表示愿意送她去美国一所私立学校进修音乐。
我们承担一切费用！
谢谢！
索妮塔要做的就只是办理一本护照……
为此她得重回阿富汗。
她别无选择：她告别了姐姐和（依依不舍的）外甥女，离开了伊朗。
你得保证你会回来的！！
当然了！你想让我从美国带什么给你？
于是，她重入虎穴，回到了最初的起点：
赫拉特。
他们会试图困住我。
没关系。
那我就逃跑。

她与家人团聚了，却未透漏关于美国之行的只言片语。
死一般的沉寂
那个，
嗯……
你们喜欢我的MV吗？
是的。至少，你把头发遮住了。
让我尖叫
（不过，弟弟妹妹们对她的歌熟记于心。）
对于一个独自旅行的年轻女孩来说，护照申请的过程无异于修罗场（天啊！）。而讽刺的是，主管部门居然怀疑这是有人试图拐卖她。
啊，我明白了！您是怕有人想把我卖了，对吗？
不过，托了姨妈的邻居的妹夫的表兄的关系，索妮塔最终见到了美国大使……
（当着他的面，她即兴创作了一首说唱。）
让我离开这个牢笼！
并拿到了签证。
索妮塔没和妈妈告别就逃向了美国。
乘务员请就位。
犹他州的风景和她的祖国很像。
索妮塔
索妮塔有生以来第一次上学。她只会说三个英文单词：
你好
再见
我是个说唱歌手。
她终于给妈妈打了电话，告诉她自己身在何处（当然没完全说实话）。
我过一年就回去了！
瓦萨奇山脉
Jay-Z
她妈妈直接挂断了电话。

（感谢“女人拍电影”公司及索妮塔的帮助）

完

谢莉尔·布里奇斯

田径运动员

1947-
谢莉尔出生那天恰好是圣诞节。
当她还是个婴儿的时候，她的父母离婚了。
salon
她7岁时，她妈妈再婚了。继父当她是透明人，对她一点都不好。
继父带来的妹妹
没有礼物（而且这天还是她的生日！）
然而，青春期的谢莉尔突然引起了他的注意。
有些频繁的注意……
过于频繁的注意。
这样一来，谢莉尔更喜欢他把自己当成空气的日子。
最终，她更希望自己是个透明人。

一天，她在杂志中偶然读到了一篇文章，介绍澳大利亚人的新爱好：慢跑。
我们跑步，没有任何理由！
当时，没有人从事跑步这项运动。尤其是女孩子，她们一般都被引导做一些……呃，“女孩的运动”。
（……或者完全不做运动。）
哇哦。
于是一天晚上，完全不急着回家的她在空无一人的操场上，毫无理由地……
……跑起步来。
她跑了一圈，
又一圈。
独自一人，
趁着夜色。
不声不响。
她跑得脚都痛了。除了脚，她其实全身都痛，肺都快炸了。然而奇怪的事情发生了：跑步过程中，她开始整理思绪，逐一分析她现在正面临的难题，并找到了问题所在。一时间，所有的死结竟奇迹般地全部解开了。
突然之间，所有问题都迎刃而解。
一切都是可战胜的。
这将是她的秘密，只属于她的武器。

谢莉尔一有机会就去夜跑。她的一位老师无意中发现了她的秘密。
昨天晚上我看见你了。你跑得真快！
他鼓励她参加学校的田径队。
即使你是个女生！
对于谢莉尔，眼下最重要的事是尽可能地保持低调。参加田径队？她连想都不敢想。
可她的老师一直鼓励她，最后她决定试一试。
只不过，学校管理层并不同意。
因为，女生**不应该跑步**。
这会损害你的生殖系统！
什……什么？怎么个损害法？
就那样。
哦。
经过集体投票，谢莉尔最终站到了跑道上，只不过她只能远远地跟在队里其他男生后面跑，因为她会让他们“分心”。
好吧。
不管怎样，谢莉尔只要站上跑道，就有一种战无不胜的快感，感到自己才是命运的主宰者。
不久后，大家不得不承认：
谢莉尔跑得
非常快。
如此之快，以至于学校为她报名了美国业余体育联合会组织的一项竞赛，该竞赛有女子组。
什么，我吗？！
于是，谢莉尔站到了 2.5 英里[1]赛跑的起跑线上。
可是，我到底在这里干什么啊？我只是个小不点儿！
严重的自我否定中
1：约合4公里。

她害怕得要死。就凭她？一个默默无闻的女中学生？在这群训练有素的女运动员之间，她还能有什么指望呢？

首战告捷，她取得了第七名的好成绩。她！这个小不点儿！

她若无其事地回到家，却为自己的小秘密欣喜不已：

从今往后，再没有什么事是不可能实现的了。

她要做的第一件事就是尽快离开家。

她去参加那些只有男生参加的比赛，只不过，她必须晚五秒出发！

但是，她模糊的性别身份有时候也会带来不便。
请你理解，宝贝！其他人都嘲笑我，他们说你是个男人……
把手拿开。
她发现她更喜欢长跑，尤其是越野跑。
她获得了1969年（在苏格兰举办的）世界锦标赛的参赛资格。
USA
然而，美国业余体育联合会拒绝支付女运动员的差旅费。
你想过卖蛋糕筹款么？
USA
于是，她自掏腰包参加比赛。比赛赛程包括了泥地、山坡、暴雨等一切挑战。
USA
不过，如同当初身困继父家中一样，谢莉尔的心早就飞走了。她忘却了痛苦，任由身体自主地奔跑。
USA
谢莉尔获得了第四名。如果说以前她还犹豫不决，那么这一次她终于可以承认：
是啊，
我太喜欢比赛啦，不然呢？！
她嫁给了一名教练，并搬到加利福尼亚定居。那里气候宜人，每个周末他们都能和朋友一起训练。
他们的话题永远只有一个：马拉松。
哦，天啊，我开始有点烦你们的马拉松了！
果不其然，她最后也报名了。

她参加了1971年卡尔弗城马拉松。
42公里。
那可是，
42.2公里。
（依然给人感觉是个小不点儿。）
尽管倍感压力，她还是努力让自己和平时一样。
这是你的比赛，集中精力，按自己的速度来就好。
2609
然而，赛程过半时，突然出现了一个“小插曲”：
一个恼羞成怒的男选手不肯让一个女人超过自己。
827
嘿，怎么回事!!
不过，这个女人可不受人摆布。
她跑完了全程42.2公里，
并打破了马拉松世界纪录：
谢莉尔是世界首位在2小时50分内跑完全程的女性。

次年，奥林匹克运动会在慕尼黑召开。
这可让谢莉尔眼馋得直跺脚，再没有什么能阻止她……
……当然，除了奥运会的规定：女性没有资格参加赛跑（除了1500米）。
1
2
3
组委会当时的理由是女性无法胜任长跑。
你们怎么知道的？！
1981年，谢莉尔的女儿莎拉妮出生了。
莎拉妮小时候喜欢足球。高中时，不知出于什么原因，她的业余爱好变成了……
……跑步。
2008年，莎拉妮获得了北京奥运会女子万米项目铜牌（此时，奥组委已经改变了比赛规则）。
莎拉妮一生中听到的最多的一句话就是：
“接受事实吧，你比你想象中的强大得多！”
USA
跑步为她、她的母亲以及其他女性带来了她们所需要的一切：
-掌握自己的命运；
-不和别人比较；
-认识到任何困难都可以被战胜。
而这一切，不需要任何人的许可！
INDIANA

完

特蕾丝·克莱尔

现实的理想主义者

1927-2016
1927年12月9日，特蕾丝出生于法国巴尼奥雷的一个非常保守的天主教家庭。
她的童年十分幸福。
小时候，她看到左邻右舍收养了西班牙内战留下来的孤儿……
那我们家呢？
欢迎
后来，邻居们又把犹太孩子藏在家里。
我们家呢？还是不帮忙吗？
特蕾丝严格地按照父母为她规划的道路长大。
要端庄美丽。
保持处女之身！
法兰西运动报
Papa
Thérèse
第一位求婚者叫克劳德。特蕾丝的父母为他们买了一套大公寓。
特蕾丝成了家庭主妇，负责照顾他们的4个孩子，
对此，她毫无疑问。
然而，她经常与教堂里的神父攀谈，这些工人出身的神父给她讲述了阿尔及利亚内战的恐怖，提到了马克思主义和阶级斗争。
你明白吗，特蕾丝？人必须自己解放自己！！
那女人呢？
教堂没有答案。

幸运如她，特蕾丝迎来了五月风暴，
做个安静的年轻人！
斗争不止！
她不是唯一想质问社会的人。
白天孩子上学之后，特蕾丝背着丈夫去参加集会和游行，这让她发现了全新的世界：反资本主义，女权主义。
那个………“属于你”是怎么回事？……这是什么意思？
她听到人们在谈论父系制度，
解放。
还有**性快感**。
性什么？
这一切她都闻所未闻。
她还了解到导致法国女性死亡的第一杀手是地下堕胎，手术通常使用的是毛衣针。
她发现事实上女性完全没有自由。于是她加入了女性堕胎及避孕自由组织。她还在教堂成立了一个女权小组。
你看，说到底：耶稣和马克思有些言论很相似。
特蕾丝40岁了。孩子们的成长让她欣慰，可她的婚姻却让她绝望。
吸吸吸
她已经40岁了，她要解放她的思想，让身体得到自由。
于是，她义无反顾地考了驾照、找到一份售货员的工作并离了婚。
她带着孩子们搬到了蒙特勒伊的一间小公寓，虽然她并不熟悉这座城市……
加入我们！
CGT
NE ME LIBÈRE PAS, M'EN CHARGE!
……却一下子找到了归属感。
很快，她发现，在一堆有待学习的技能中，在自家客厅里实施堕胎手术也成了其中一项。
我……我想堕胎。
不要不好意思！大声说出来吧！

她力争人工流产合法化（该法案几年后经投票通过），因为这可以让女性不再面临致命危险。
只需听听女性对此的意见！
她家里永远挤满了邻居、朋友的朋友和各种积极人士。
嘿，你妈妈不是让你去写作业吗？
我罢工了。
特蕾丝没上过大学，这些集会和交流填补了那一段空白。
Boule & Bill
Candy
斗争成了特蕾丝一生的事业，生活中的一切问题都可以通过斗争来解决。
20年后，特蕾丝开始照顾她卧床不起的母亲，而她自己也升级当了单亲祖母（生活始终不富裕）。
水不会太凉吧，妈妈？
特蕾丝照顾妈妈很辛苦。她暗下决心：以后绝不让自己的孩子这样辛苦。
成人纸尿裤
24
于是，她开始设想一个理想中的社区：围着丈夫和孩子操劳一生的老妇人们可以在那里……
安详、自在、幸福且有尊严地生活。
这个生活社区只不过屏除了社会强加于她们的陈腐标签。（标签A：负担，或者标签B：游轮游的推销对象）
晚安，妈妈。
而特蕾丝认为她自此经历了“人生中最幸福的时光”。
不仅仅是在性生活方面！爱情终于脱离了肉体关系！

起初，没人相信她的乌托邦计划，更没人愿意资助一所老妇人之家（特别是那里只接收女人）。
可是……她们才是最需要这里的！
据统计，老年女性要比老年男性更孤独，也更贫困！*
（*女性的工资比男性少40%）
然而，2003年的酷暑迫使国家提供资助：
大区
蒙特勒伊市政府
国家
廉租房办公室
谢谢！
+特蕾丝为行政手续奔走的15年
蒙特勒伊市拨了地。老妇人之家终于正式动工了。
雅加婆婆的小屋
在俄罗斯民间传说中，雅加婆婆是一些慈蔼的老奶奶，她们住在用香料、面包搭建的房子里，给孩子们讲故事……
可是孩子们却利用这个机会偷吃雅加婆婆的房子，于是雅加婆婆把他们吞下了肚子。
在特蕾丝、莫妮克·布拉加和苏珊娜·古埃菲克的提议下，雅加婆婆的小屋正式开启“反养老院”模式。
入住的老妇人们收入微薄，她们独自居住，却共同管理这栋公寓楼（这里的墙可不是香料面包做的）。
这里没有护理人员，也没有配备医疗设施的病房，取而代之的是20多间35平米左右、租金低廉（不到400欧元）的独立公寓以及公共生活区域。
每人每周都要为公寓付出10小时的劳动，公寓的开销由所有人平摊。
天啊……无花果夹心饼干怎么这么快就没了！

不，
变老并不是
悲惨的事
雅加婆婆的六个价值观：
公民身份、集体管理、非宗教性质、环保、互助、（当然还有）女权主义。
她们打算尽可能推迟（甚至避免）进护理院（按照自身能力，尽可能实现自理）。
为了这个目标，我们必须保持思维灵敏、对他人有帮助且心情愉悦。
为此，雅加婆婆们一反传统养老院的常规……
……玛丽·克里斯蒂娜，您带走了16卷蘑菇大百科。
她们经常组织和附近居民的午餐会、讲座、辩论会、文化活动、
舒缓体操课、职业理疗以及人体素描工作坊（真人模特），
甚至还组织了“老年知识大学”（UNISAVIE）：与专家、哲学家等进行“丰富且愉快”的交流。
大家有问……
除了收入微薄，雅加婆婆的小屋的入住条件还包括年龄（65岁以上）以及具有集体的或军事化的生活经验。
公共
花园
当然，入住者还得是希望以不同的方式老去的人，并且是和别人**一起**变老。即如特蕾丝所说：
和老年人一起生活，并不总是一件容易的事。
为了换换心情，雅加婆婆们每三个月去露营一次。
她们的座右铭是：“慢慢地变老，很好。但优雅地变老，更棒。”
（因此，“永远不要带着怒气上床”。）

1 西蒙娜·韦伊（Simone Veil，1927—2017），犹太裔法国政坛女杰，女权主义战士。

扩展阅读：《特蕾丝·克莱尔：骑着白马的安提戈涅》（*Thérèse Clerc, Antigone aux chevaux blancs*），丹尼尔·米歇尔－希什（Danielle Michel-Chich）著。

完

贝蒂·戴维斯

词曲作家

1945-
1945 年 7 月 26 日，贝蒂·马布里出生于美国北卡罗来纳州，后来，他们搬到了宾夕法尼亚州。
小时候的贝蒂对奶奶收藏的唱片爱不释手。
BB KING
MUDDY WATERS
JOHN LEE HOOKER
她自己也会写歌，并用嘴模仿各种乐器给歌曲配乐。
叭
嘟
嘟-嘟
呜——
烘焙爱情的
蛋糕
嘟噜
嘟噜
她跳了一级，15 岁就中学毕业了，随即去了纽约……
yhound
……学习时装。
为了赚零花钱，她去格林威治村那些“垮掉的一代”聚集的咖啡厅当服务生……
还为著名的威廉敏纳模特公司担任模特（大受欢迎）。
GLAMOUR
EBONY
VOGUE
不吸毒、只喝牛奶的贝蒂身处 60 年代末纽约文化漩涡中：时装和音乐，她两样都想了解，也都想涉及。

她和女友们成立了一个组合：宇宙女孩。
她们只为音乐会而生。
她们虽然和追星族们是朋友，关注点却不同：她们更着迷于音乐本身，而非歌手本人。
芝加哥胶塑家
事实上，贝蒂当时几乎和所有摇滚及疯克音乐人都是朋友。
大家都对她会写歌这件事表示惊讶。
呃，事实上**对于一个女孩来说**，你真的很懂音乐啊！
对于他们来说，女孩＝追星族。
受到朋友鼓舞的她开始为他人写歌。那些歌深受好评。
钱伯斯兄弟
郊区
一天，她出于好奇出席了一场音乐会。
爵士乐真是烦死我了！不过我喜欢上小号手的鞋子了！
这位贝蒂不认识的小号手就是迈尔斯·戴维斯。被贝蒂深深吸引的戴维斯派助手去邀请贝蒂见面喝一杯。
呃
OK。
为什么不呢？
他比她大整整20岁。在贝蒂看来，戴维斯的音乐不时髦，他的衣着品位也很过时，他整个人就是个老古董。但他们两个人爱得如痴如狂。
领结？
你没开玩笑吧？
1968年，贝蒂·马布里变成了贝蒂·戴维斯。
对于他来说，她就是缪斯，她的一切都让他着迷：她的热情、她的造型以及她的音乐品味。
迈尔斯·戴维斯
乞力马扎罗女孩
这张专辑甚至收录了一首名叫《马布里小姐》的歌。
她让他感到充满活力，帮他打造全新衣着品味，并使他走出爵士乐，开始接触摇滚乐……

……还给他介绍自己的音乐人朋友。
你好。
迈尔斯，这是吉米和斯莱。
贝蒂激发了迈尔斯的艺术转型：在他看来，贝蒂听的音乐是一种全新的黑人音乐。
蓝调音乐已经被出卖给了白人！
迈尔斯结合了摇滚的电音创作了专辑《婊子酿酒》（题目是贝蒂想出来的），专辑卖出了50万张。
然而，一年的婚姻生活让迈尔斯心力交瘁，他完全无法驾驭他的妻子。
对于我这把老骨头来说，她太年轻、太疯狂了。
他指责她和吉米·亨德里克斯不清不楚，而她责备他一神经紧张就喜欢小题大做。
她离开了他。
离了婚，我也还是那句话：你他妈的太有才华了，你听见了吗？
她为海军司令合唱团创作了一首歌曲，后者凭借这首歌和摩城唱片公司签了约。
这一切都要感谢你啊，贝蒂！
她再一次躲在了幕后。
事实上，她已经开始问自己为什么总是像这样躲在幕后。
我也有话想说啊。
我可以做自己的音乐。
摩城唱片一听到消息，立即向贝蒂伸出了橄榄枝（被她拒绝了）。
他们想让我放弃所有的权利，哼！
埃里克·克莱普顿坚持要制作她的第一张唱片。
我很欣赏你，埃里克，但是你……呃……别往心里去，你太普通了。
1973年，她搬到了洛杉矶。
CASTRO
是的，纽约对我来说已经没什么新鲜感了。
在洛杉矶，她挑了她喜爱的音乐人中最好的，邀请他们一起创作。
斯莱和斯通一家乐队
电力塔乐队
指针姐妹乐队
格雷厄姆中央车站乐队
西尔维斯特

她终于录制了自己的专辑，
自己的歌曲。
你准备好就开始。
她的歌词……惊世骇俗。
我曾是他的妓女……
今夜请带我回家！
我摇动我的……
我用我的绿松石项链抽打他
哦～他超爱～
明天早上你不会见到我
骑上我的女巫扫帚
今夜，我要自……
BIP
贝蒂的歌词里谈到性、肉欲、她的欲望以及对男人的征服。
你……你确定吗？
这可有点不……寻常，一个女孩有如此大的自信来坦白自己……
为什么不唱首情歌呢？
哦，这个不错！我会写首歌，名字就叫“反爱之歌”！
在她的首张专辑封面上，贝蒂时髦又可爱，笑得十分开心……
Betty Davis
但是听到她专辑的人无不震惊：她尖叫、吼叫、咆哮、嚎叫。
就好像她一只手伸进我裤子里，另一只手扇我耳光！
她的舞台表演也是大胆直接。
有了第一张专辑的经验，贝蒂对自己有了信心，还想再出第二张。不过这一次，她决定“亲自操刀”：一人包揽词曲创作及专辑制作。
（她可能是唯一一个这么做的女性。）

这一次，她更清楚自己想要表达的东西：她召集了全新的音乐人团队，录制了专辑《他们说我与众不同》，这张专辑比第一张更成熟（也更犀利）。
贝蒂的歌词也更加大胆露骨：她谈到了自己、长大成人遇到的困难、虐待与卖淫。
但当时毕竟是1974年，人们还无法接受如此张扬的女性力量。在听众的要求下，电台禁播了贝蒂的歌曲。
喂！我要投诉！！
她的演唱会总有宗教团体示威，有人甚至威胁投掷炸弹。
音乐
可以
不要
连美国有色人种协进会都放弃了她，
她是黑人的耻辱！
她的唱片公司不知道该拿她怎么办。
我不知道……唱点更大众的适合电台播放的歌……少点实验性……歌词别再涉及性了！！
最后，她被雪藏了：她录了最后一张专辑，由于唱片公司的不支持，她几乎没拿到任何报酬。
这可不是针对你啊，贝蒂！你是那么的有才华！你是最真实的！你……
……玩摇滚，肤色太黑；唱爵士，声音太硬，我知道。
但是对于贝蒂来说，她宁愿从此不再唱歌也不愿在艺术风格上妥协。
她放弃音乐事业，回到了匹兹堡的父母家……
她隐居起来，与世隔绝，不接受任何采访，与音乐界和音乐人朋友断绝了联系，家里甚至没有电唱机，更别说磁带……
这一过就是30多年。

在她短暂的音乐生涯中，贝蒂始终跟随自己的内心和直觉，从未考虑过是否赢利。
她的创作融合了多种音乐类型，她恣意展示着自己的女性风采，且毫不掩饰其非裔美国人的身份。
最重要的是，这一切均出自她一人之手：
从词曲创作到专辑制作、从舞蹈动作到形象设计，当然还有合作伙伴的选择。
当时她身上被唾弃的一切……
如果在今天，定会让她成为举世瞩目的明星。
只不过她的时代还没有到来。
美国著名歌手普林斯曾用尽办法想见她一面（终未成功）。一家独立唱片公司重新发行了她的专辑。兰尼·克拉维茨、卢达·克里斯、泰利巴·奎力等都借鉴过她的歌曲……
但她依旧
保持沉寂。
后来，她终于同意出演自己的纪录片《坏女孩》（2017 年上映）。
在影片中，她自述唯一珍藏下来的青春回忆是吉米·亨德里克斯送给她的一件大衣……
……另外，她又开始写歌了。
完

娜丽·布莱

记者

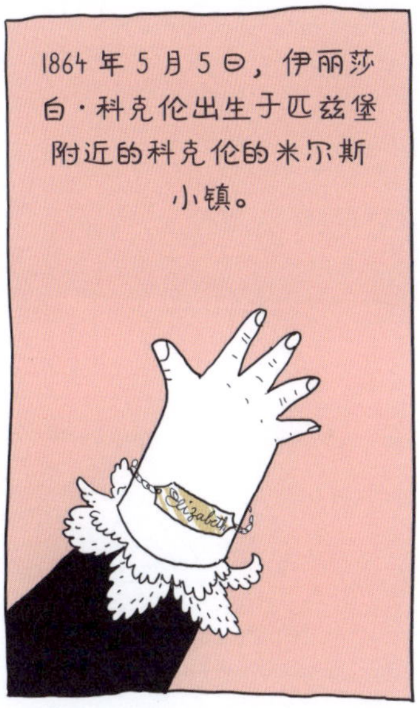

她出生的小镇也叫科克伦，因为她的父亲麦克·科克伦拥有小镇一半的土地和磨坊。

麦克是位白手起家的爱尔兰移民，他一辈子都在给他的 15 个（！）孩子讲艰苦奋斗的好处。

不过，糖果色外表下却是科克伦家一大群兄弟姐妹中最叛逆（最倔强）的一个孩子。

她 6 岁时，父亲过世了。他们被同父异母的兄弟姐妹赶了出去，身无分文。

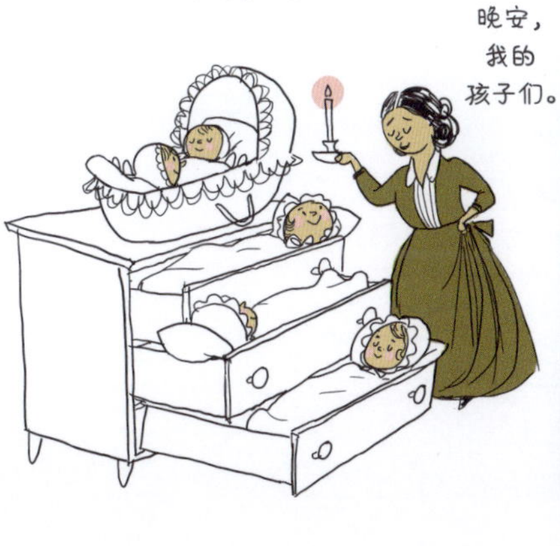

遗憾的是，所嫁非人：新丈夫是个酒鬼，还动手打人。

最终她母亲决意离婚。

然而，离婚在当时可不是件容易的事：为了让法院批准她的离婚申请，她不得不让女儿出庭做证。
是的，打从和我妈妈结婚，我的继父就没清醒过。
寡妇科克伦和她的孩子们再次一贫如洗。
如果想为妈妈分忧，“小粉红”就得工作。可一个年轻女孩能选择的工作非常有限。
15 岁时，她进入一所师范学校学习。
一个学期之后，她由于没钱交学费而辍学了。
…
嘿，一个女孩要如何自力更生？！
一天，她在《匹兹堡电讯报》读到了一篇题为《女孩适合做什么》的文章，（像往常一样）气得她咬牙切齿。
哈！妈，你听这话说得：
“女孩就该待在家里，缝制衣物、照料孩子，这是社会稳定的根基。职业女性就是怪胎。”
快气炸了的“小粉红”拿起笔，给负责这篇蹩脚文章的专栏编辑写了一封凶狠的驳斥信。
亲爱的先生，
请让我给您讲讲生活在一个平行世界里的女人们，她们迫于生计不得不工作。

《电讯报》的主编开心极了，他不仅决定发表这封信，还邀请这位神秘的“愤怒的小孤女”来报社会面，前提是她有这个胆量的话。
他提议让她进入报社成为一名记者。
（但是得另选一个笔名，“小粉红”太不严肃了。）
好吧……我想想……有首歌我很喜欢，名字叫《奈里·布莱》。
（他记的时候拼写错了。）
这机会来得正好，娜丽刚好有很多事情要告诉那些对真正的生活一无所知的人们。
她发表的最初几篇文章分别以穷苦女工、想离婚的女人的斗争过程以及匹兹堡一家工厂的工作条件为对象。
这些“幕后”报道很对读者的胃口。报社请她再写一些。
而我，我赚到了报酬！
靠写作得的！！
然而，大厂商们可不喜欢听到人们说他们工厂的工人被苛待。
给我接通《电讯报》！！
好的，先生。
厂主们威胁说要从报社撤下他们的广告。
于是，主编顺水推舟建议娜丽改行去写“女性专栏”。
园艺、时装剪裁……
怒火测量计

娜丽用心写了调岗后第一篇文章，并附上一笺私信。
（相当于辞职信）
为了换换心情（而且她终于赚了些钱），她带着妈妈去了墨西哥。
她随时记旅游日记（还把它们寄到了报社）。
但是，她控制不了自己，完全没办法一直写这种风光游记。
星期二：波费里奥·迪亚斯总统逮捕了一名记者！！
六个月后，娜丽的墨西哥之旅被迫缩短了。
她被驱逐出境。
尽管娜丽做了出色的实地报道，回国后，《电讯报》给她提出的最好条件也只不过是“园艺专栏”。
于是，她孤注一掷，跑去说服《纽约世界报》（约瑟夫·普利策的报社）雇佣自己。
您不见我，我就不离开这把椅子。
为了让她打消念头，普利策给她出了道难题，让她试写一篇文章介绍一个极其古怪的主题：
疯人院！
娜丽回到家，花了一整夜的时间对着镜子练习“精神错乱的表情”。然后，她跑去见医生，经过诊断，她被正式判定：
疯了！
她如愿以偿被关入疯人院（顺利得有些吓人），进入了恐怖的女疯人院。
布莱克威尔岛
女疯人院

1 玛丽·波平斯阿姨，澳大利亚作家特拉弗斯笔下的童话人物。

她乘坐轮船、火车和热气球，穿越了英国、锡兰、日本……
她还特意前往法国亚眠拜访了儒勒·凡尔纳。
我只不过写了部小说，而你，娜丽，你却真真正正地实现了它！你就是我的菲利亚·福格！
多亏了电报，娜丽才能随时把旅途中的见闻发给报社。
数百万从未买过《纽约世界报》的读者蜂拥而至，争相购买。
大家都在打赌：
娜丽·布莱到底能不能在80天内环游世界？
没人赌她会成功，然而1890年1月25日，娜丽回到了纽约。她把自己的经历写成书（甚至还出了周边桌游）。
72天环游世界
起点
终点
和娜丽·布莱一起
儒勒·凡尔纳登报向她表示祝贺。
“我始终坚信娜丽·布莱会成功。万岁！万岁！”
索姆之声
不幸的是，在同一时间，她的哥哥去世了。于是，她决定由她来照顾嫂子和侄儿侄女。
晚安！
因此，她的经济状况有些入不敷出。
就在这时，命运让她遇到了一位（比她大40岁的）富有的工业家，后者对她展开了热烈的追求。
布莱小姐！我收集了您全部的著作！
她很快就答应了他的求婚。
婚后不久，她的丈夫就去世了，娜丽接管了他的公司。
公司主要生产金属桶。

她发明了一种新型牛奶罐，并申请了专利。公司因此得以蓬勃发展。

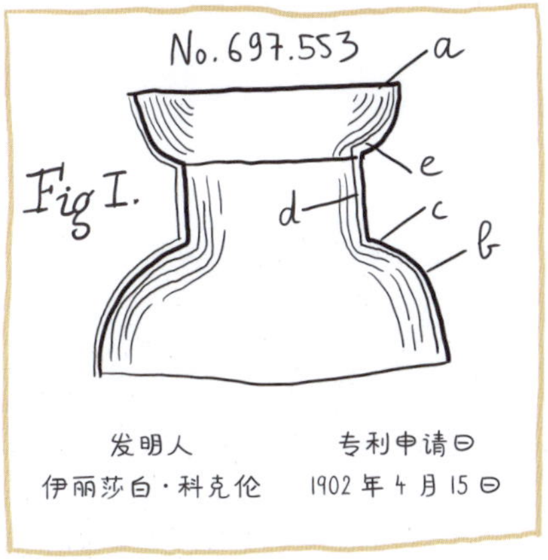

娜丽趁机给员工们提供了当时闻所未闻的工作待遇：健康保险、优厚的工资，甚至还建了图书馆。

不久，第一次世界大战爆发了，记者的本性让娜丽不觉技痒。

她出发去了奥地利，成为首位战地女记者。

她在前线辗转五年，报道战事。

在欧洲的那几年，她还写了很多关于英国女性争取女性参政的报道。

（此外，她还预言美国女性很快也会加入这个阵营。）

1920年，她回到纽约，开设了新的报纸专栏，专门报道那些挑动她神经的社会问题：腐败、工人阶层的生活、孤儿的权利及其他不公平事件。

然而两年后，娜丽因肺炎离世，享年57岁。

她被葬于纽约布朗克斯的伍德劳恩公墓。

她去世的第二天，媒体发文吊唁这位开创了调查性新闻报道先河的女性，称她为“美国最伟大的女记者”。

纽约报业俱乐部每年都会颁发娜丽·布莱奖给年度最大胆的年轻记者。

完

普兰·黛维

女匪王

1963-2001
普兰出生于以农业为主（且人口众多）的印度北方邦，生日那天恰好是花神节。
她的家族姓“马拉”，是非常低级的（渔民）种姓。
普兰和她的姐妹们每天都要辛苦地劳作（还要忍饥挨饿）。
她爸爸总是抱怨和一味地逆来顺受。
你来到这个世上就是为了完成别人给你的劳役，你必须毫无怨言地俯首听命于他们。这是神明的规定。
她妈妈对她的出生又气又怨。
神明？！他们才不在乎你呢！他们只帮有钱人！你呢，你还不如狗屁股上的虱子：你是个**女孩**！要是没有丈夫保护你，
你屁都不是！
她家仿佛被诅咒了：接连生了三个女孩后，她妈妈又怀孕了。
如果还是个女孩，我就让她自生自灭！！
（显然，这又是一个女孩。于是，普兰跑去偷邻居家的牛奶养活这个小妹妹。）
后来，他们终于生了一个儿子。他们送儿子去上学，而他的姐姐们只能待在家里。
不行，普兰！你们唯一要学的就是**远离危险**！
（为防止长虱子而剃了头）
什么危险？疯狗吗？闪电吗？普兰不是很明白。（不过她没有反驳）
事实上，她妈妈总是在警告她们，躲避一种可怕又神秘的危险：
-必须结伴去野外小便。
-当男人叫你时，不能停下来。
-如果他拦你的路，赶紧跑。
-不许裸露身体。
因此，普兰要做的就是学会躲入人群、藏起来、爬树、逃跑……
?
到这儿来，小姑娘。
直到她爸妈攒到足够的钱给她做嫁妆，把她嫁出去。

好吧，可如果我不想嫁人，怎么办？
傻瓜！如果你不嫁人，那你就属于所有男人！那样的话，你就会成为家族的耻辱！
噗……
她爸爸总是受到高种姓塔库尔村民的殴打和掠夺。
不要反抗，普兰，这是神的意志。
谁再敢动我爸爸，我就祈求骑虎的复仇女神杜尔迦，来助我宰了他！
听清楚了吗？！
普兰是四个姐妹中最丑的，也因此是“最不能赚钱的”，所以也是吃得最少的。
是的。
不过我是跑得最快的。
一个夏日的早上，她妈妈给她梳了头并且穿上闪闪发亮的纱丽：他们终于成功地把她嫁出去了。
哈哈哈！他超级老！丑死了！普兰，现在你有两个爸爸了！
从现在开始，你的生活将会不一样。不过，你放心，你还要和我们一起生活到16岁！
挠挠
然而婚礼的第二天，普兰偶然听到父母和自己的未婚夫之间的争执：
可是……她还太小！！您没有这个权利！！
我需要有人打扫房子，她今天就得跟我走！
你们别哭了！我还会回来的！
到了新家之后，普兰要做家务、做饭，而且只能和狗一起睡在地上。
难道没有别的孩子和我一起玩吗？
她才10岁，还不知道孩子是如何生出来的。

丈夫到底是什么意思？
我来告诉你。
从那天起，普兰被她的丈夫关在牛棚，每天都被殴打及性侵好几个小时。
村民们每天都能听到普兰的惨叫，大家都很气愤，却没人愿意伸出援手。
救命！！帮帮我！！他裤子里藏着一条毒蛇！！他会把我生吞活剥的！！
这是我老婆！我想对她怎样就怎样！这是法律规定的。
普兰每次见到他，都会吓得尿裤子。
终于，她病倒了，而她丈夫却拒绝为她请医生。她爸妈来村子里接她。
我知道。
抱歉打扰您了。
妈妈……
他……
谢谢。
我们得把她送回她丈夫那儿去！不然，这会让我们蒙羞的！
如果他再敢靠近我女儿，我会亲手杀了他。
普兰最终留在了父母身边。她的婚约被取消了。然而她没想到的是，她会为此付出巨大的代价。
我可怜的孩子！
你永远不该说出你的遭遇，现在，任何男人都不会尊重你了！
可是……我什么也没做啊。
她开始帮父亲干活，非常卖力地劳作。可在村民的眼里，她已经毫无立足之地了。
由于女儿名声不好，她爸爸越来越难找到赚钱的工作了。
在他们看来，普兰的人生已经毁了。
你知道吗，像你这样名誉败坏的女孩通常都会跳进亚穆纳河了断自己。
可我什么都没做错啊！！
她非常愤怒。

最后，破罐子破摔的普兰不再抑制自己的情感，任由怒火吞噬了自己，以至于村子里的人都以为她疯了。
普兰用满腔的愤怒及绝望来对抗有钱人的权势。
我不在乎！！我什么罪都受过了！！我再没什么可怕的了！！
普兰，不要！
现在，把欠我父亲的钱付清！！不然，就跟你儿子永别吧！！
塔库尔人恨死她了。一想到这个女孩不肯屈服，他们就无法忍受。
为了让她学乖，他们当着普兰父母的面殴打她，把她送到警察局，并控告她是武装匪帮的成员……
这个凶残的匪帮在丛林中游荡，经常洗劫村庄，让人闻风丧胆。
普兰被捕了。她既不认字也不会写字，给她什么都画押。
她落入 12 个警察的手里。
他们把她铐在牢房的椅子上，在 3 天时间里，不断地殴打并强奸她。
随后，她被丢到大街上。普兰回到家，心如死灰。
妈妈，你为什么要生我？如果女孩生来就要遭受这一切，你为什么不杀了我？
消息很快传遍了整个地区。各种各样的男人，不论老少，都跑来敲普兰家的门。
普兰·黛维在家吗？
而且，村民们不让她去水井打水，因为她已经“不纯洁”了。这可把她气疯了。
你们就当普兰·黛维死了！！
（再没有人敢来纠缠她了。）

几个月来，塔库尔人想尽一切办法打压普兰。
呸
然而这一切只会让普兰更难以对付，反抗得更厉害。
失去耐心的塔库尔人花钱雇土匪绑架了普兰。
普兰被迫光着脚在丛林里走了一整夜。她害怕极了，甚至连看都不敢看土匪。
从小时候开始，她就听人讲这群嗜血怪物的各种可怕传闻。她猜想自己随时都可能被强暴、杀害、吃掉。
然而，土匪们似乎并不知道该如何处置她，相互争执不下。
把她留给我吧！嘿嘿！
你很清楚我们被骗了！她不过是个无辜的孩子！谁也不许碰她，我们得把她送回家去。
后来，又老又丑的土匪头子想要趁机强暴她，但在最后关头被阻止了。
这是普兰生命中第一次遇到保护她的男人。
他给她水喝，对她很温柔，并且和她一样属于马拉种姓。
我叫维克拉姆。你呢？
普……
普……
今天晚上没时间送你回去了。你得跟我们走，帮我们抢劫。你会开枪吗？
哈？！
普兰跟着土匪们去抢劫。她发现事实上这是一群劫富济贫的土匪。
维克拉姆万岁！！

土匪们似乎并不把普兰当成女孩。和他们在一起反而让她感到安全（这可是前所未有的）。
那个，我能和你们待一会儿吗？
但也不是所有人都不把她当女孩。
这个，呃……这是送你的，普兰。这可不是我偷来的！我攒钱买的！你喜欢吗？
那一年，普兰16岁，而维克拉姆22岁。
维克拉姆，加油！！
来吧，鼓起勇气！！
嘿嘿嘿
普兰！你……你愿意嫁给我吗？……你觉得我配得上你吗？
普兰嫁给了维克拉姆，并向他倾诉了自己的全部遭遇。
维克拉姆许诺要率领匪帮为她报所有的仇。
他们首先去“拜访了”普兰第一任丈夫。
混蛋！她那时才10岁！快请求她的宽恕！！
童婚者的下场！！
现在，丛林成了普兰的庇护所，土匪们成了她的家人。
她学会了射击，穿上了和土匪们一样的衣服并戴上了头巾。她严格遵守土匪的荣誉准则，誓死保护弱者。她还要选择自己的标记，并且抢劫前高声表明自己的身份（她每次都很认真）。
我是普兰·黛维！！为杜尔迦的复仇怒火颤抖吧！！
普兰和维克拉姆受到所有村庄里穷人们的拥护，他们被称为“北方邦的罗宾汉”（尽管警察悬赏要他们的人头）。
谢谢。
谢谢。
普兰悄悄地回到她父母的村子（村民现在都怕她），向家人介绍维克拉姆。
哇啊啊！你毁了我女儿的人生！
不如说，我拯救了她的人生！
爸爸

等哪一天我们自首了，我们就和警察谈条件，然后去尼泊尔生活，就我们两个人。
但是，一个敌对匪帮的头目，斯里·拉姆（塔库尔种姓），忍受不了一个马拉种姓的人和一个女人（这更要命）领导的匪帮，率领部下夜袭了他们。
于是，他杀害了睡梦中的维克拉姆以及他的手下。
斯里·拉姆却留下了普兰的性命，她立刻意识到这并不是个好消息。
为了让她认清自己的地位，更是为了摧毁她，拉姆决定让她生不如死：
他扒光了普兰的衣服，把她带到附近的村庄，让所有的男人轮奸她。
这个坏女人杀了维克拉姆！！我们要为他报仇！！
整整23天，普兰受到了非人的蹂躏。
后来，一个婆罗门村民可怜她，（在斯里·拉姆活活烧死她之前）帮她逃出了村庄。
普兰早已万念俱灰，全凭怒火支撑。
自此，普兰变成了一部毫无情感的杀人机器。
从维克拉姆被杀死的那一刻起，我就已经死了。
17岁的普兰组织起一个新的匪帮，目的只有一个：报复那些摧残他人的人。
她有求必应，和手下们毫不留情地严惩那些强奸犯，村庄里这样的人为数众多。
她成了穷苦女性们的偶像。
她的敌人斯里·拉姆在与别的匪帮火拼时被杀死。
普兰转而向他曾经的手下复仇，杀死了20多个塔库尔男人。
这一次，警察出动了直升机搜捕普兰。媒体现在都叫她“女匪王”，而能否逮捕她竟成了政治筹码。然而，普兰已经报了仇，现在的她心力交瘁。
是时候投降了。

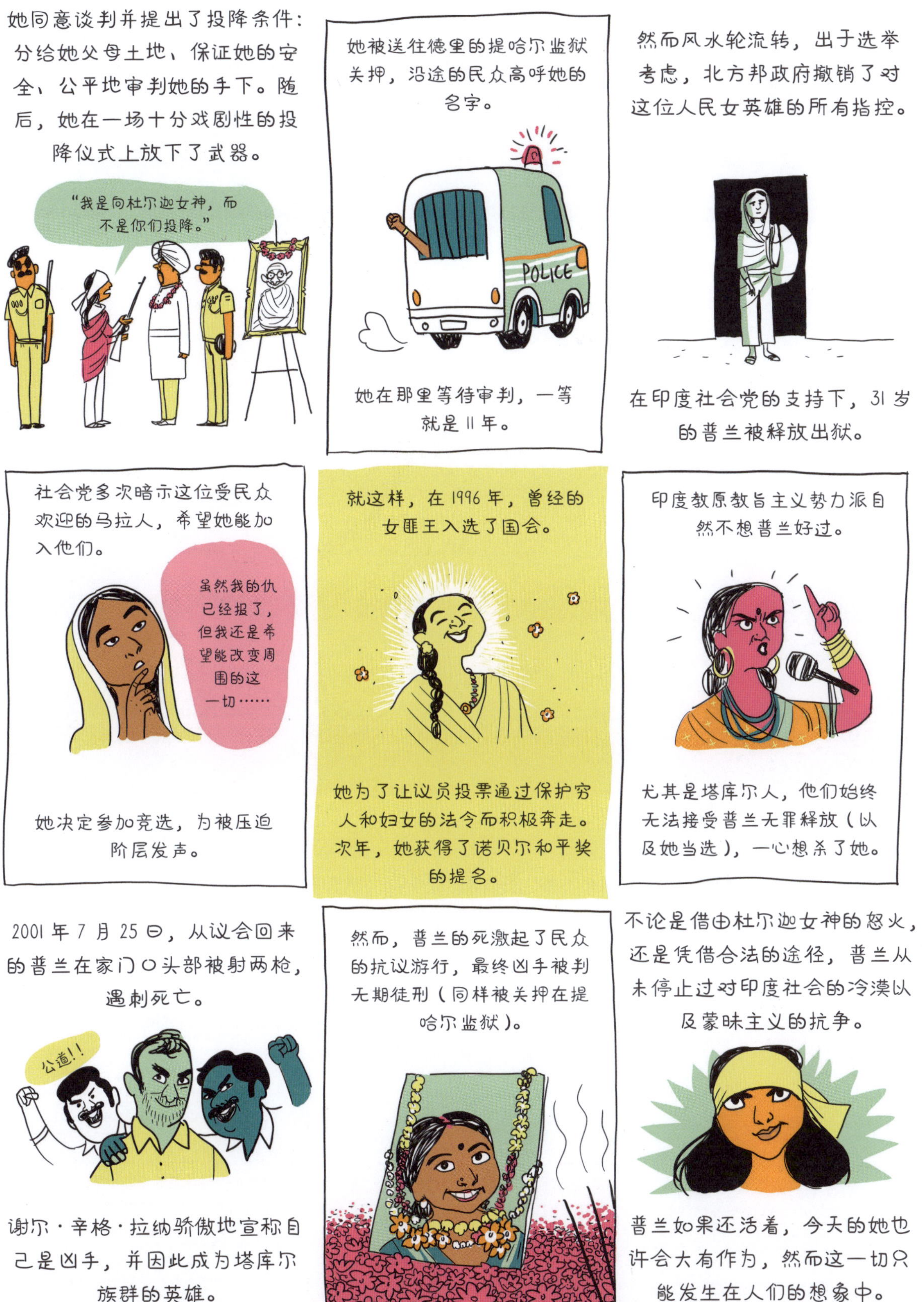
她同意谈判并提出了投降条件：分给她父母土地、保证她的安全、公平地审判她的手下。随后，她在一场十分戏剧性的投降仪式上放下了武器。
"我是向杜尔迦女神，而不是你们投降。"
她被送往德里的提哈尔监狱关押，沿途的民众高呼她的名字。
POLICE
她在那里等待审判，一等就是11年。
然而风水轮流转，出于选举考虑，北方邦政府撤销了对这位人民女英雄的所有指控。
在印度社会党的支持下，31岁的普兰被释放出狱。
社会党多次暗示这位受民众欢迎的马拉人，希望她能加入他们。
虽然我的仇已经报了，但我还是希望能改变周围的这一切……
她决定参加竞选，为被压迫阶层发声。
就这样，在1996年，曾经的女匪王入选了国会。
她为了让议员投票通过保护穷人和妇女的法令而积极奔走。次年，她获得了诺贝尔和平奖的提名。
印度教原教旨主义势力派自然不想普兰好过。
尤其是塔库尔人，他们始终无法接受普兰无罪释放（以及她当选），一心想杀了她。
2001年7月25日，从议会回来的普兰在家门口头部被射两枪，遇刺死亡。
公道！！
谢尔·辛格·拉纳骄傲地宣称自己是凶手，并因此成为塔库尔族群的英雄。
然而，普兰的死激起了民众的抗议游行，最终凶手被判无期徒刑（同样被关押在提哈尔监狱）。
不论是借由杜尔迦女神的怒火，还是凭借合法的途径，普兰从未停止过对印度社会的冷漠以及蒙昧主义的抗争。
普兰如果还活着，今天的她也许会大有作为，然而这一切只能发生在人们的想象中。
完

The Shaggs 乐队

摇滚歌星

1948/49/51-2006
奥斯汀·威金是个非常迷信的年轻人。他妈妈经常给他看手相。
他妈妈做了三个预言：
-你会娶一个金发姑娘。
-你们会生两个儿子。
-你们还会有女儿，她们会成为摇滚歌星。
然而，奥斯汀并不怎么喜欢音乐。
不过，他倒是真的娶了一个金发姑娘，名字叫安妮，她也不怎么喜欢音乐。
他们确实生了两个儿子，还有四个女儿，所有的孩子都出生于新罕布什尔州的弗里蒙特市。
多罗茜（多特）
贝蒂
海伦
瑞秋
弗里蒙特是一个交通不便、死气沉沉的小城，家家户户都差不多。
奥斯汀在一家纸巾厂上班，却很想让邻居高看一眼。
于是，他想起了妈妈的第三个预言。有一天晚饭时，在甜点上来之前，他对女儿们宣布：
你们要组个摇滚乐队。
她们惊讶极了。她们并没一个人特别喜欢音乐，而且她们的爸爸一直都禁止她们去听音乐会。

他给三个大女儿买了乐器，给每人指定了一件乐器。
然后，他让她们自己创作歌曲。
多特从生活中选取创作题材：万圣节、她跑丢的小猫呼呼、爸爸和妈妈……
啦啦啦啦啦
我的爸妈
真是
太棒啦
（乱弹一气）
为了让她们一炮而红，奥斯汀立刻为她们报名了一个才艺大赛。他的女儿们为此很担心。
可是爸爸，我们根本不会演奏啊！
他充耳不闻。
根据当时很流行的一种发型名称，他给乐队起名叫“the Shaggs”。他把她们送上了舞台。
观众们哄堂大笑。他们喝着倒彩，向台上扔着各种东西。
她们的爸爸很生气，却越挫越勇。
希望这能给你们一个教训！！如果你们想出名，就得用心！！
可我们并不想出……
嘘。
姐妹三人都不敢反对她们的爸爸。
为了让她们“用点儿心”，他制订了全新的训练内容。
首先，为了让女儿们全心全意投入音乐，他不让她们去学校。
她们本来就没什么朋友，函授教学就更让她们的社交生活一片空白。

他禁止她们谈恋爱，也不鼓励她们交朋友。
她没时间!!
每天的作息几乎是军事化的：
起床
早上
排练
午饭
下午
排练
晚饭
1小时体能训练
睡觉
基本上，除了星期天早上要去教堂，多特、贝蒂和海伦再没出过她们家的车库。
三、四。
她们梦想坐上一辆敞篷车，一路向前开，离她们的家越远越好。
好了，贝蒂，轮到我了!
可她们的爸爸越来越专制，训练也越来越严苛。
她们拼尽了全力：为了让爸爸高兴，也是为了实现他的梦想（更为了大家相安无事），她们拼命尝试想要进步。
爸爸
妈妈
爸爸爸爸
妈妈妈妈
可她们毫无进展，恼火的奥斯汀决定走条捷径。
你们得出张专辑!!
于是，全家人动身去马萨诸塞州，奥斯汀在那里租了一间专业的录音工作室。
爸爸!
求你了，爸爸!
不!
我们的表现很差!!
听了姐妹三人的演奏，录音室的工作人员都很后悔，觉得不应该收这些可怜人每小时60美金的场地费。
呼呼，
你在哪儿，我的呼呼?
不过，奥斯汀看上去胸有成竹。
姑娘们，唱错了。我们从副歌那里重新来!
有副歌部分吗??

听上去，姐妹三人都在“单打独斗”，完全没有配合，只是偶尔落到同一个音符。不过，她们也没乱来一气：所有的歌曲都是排练过的，她们的演奏非常投入，且有章法可循。
简而言之，这就是**她们的**音乐风格。
她们总共录制了12首歌收录在一张专辑中，专辑的封面照奇怪且僵硬。
THE SHAGGS
Philosophy of the World
世界哲学
没有哪位录音师愿意把自己的名字印在这张专辑的封套上。
于是，奥斯汀（从此他自诩“乐队所有人”）自己写了一段推荐词：
很幸运，The Shaggs乐队没有受到任何外来的影响。她们的音乐是纯正的，正如她们本人一样。有此足矣！夫复何求？
The Shaggs乐队爱你们，她们爱为你们演奏。她们只做自己喜欢的事！
奥斯汀把专辑寄给所有电台，可没有一家愿意播放。
这是什……
THE SHAGGS
啊，我们的音乐“太初级了”？！我倒是觉得是他们的脑子太初级，听不懂！只有个别人才能体会出这些声音的美！
RETOUR
狗吗？
总之，他并没有气馁。
既然不能依靠媒体宣传，他决定走群众路线：他租下了弗里蒙特的演出厅。
哦，不！！不……
他谈下来每周演出的合同：接下来的几年，威金姐妹不得不忍受在全市观众面前演出的折磨。
TOWN OF FREMONT
1764
对于她们来说，每次演出都是一场灾难：她们的演出成了附近年轻人（她们曾经的同学）每周六晚的必备节目，玩闹（和抽烟）的聚会场所。

每次演出，奥斯汀必到现场监督，他仔细观察女儿们的表现，以便晚上回家做详细总结。
他甚至做了一枚徽章
Shaggs
他是威金家唯一一个没有意识到："Shaggs乐队就是整场演出的小丑"的人。
为了经受住考验，姑娘们不得不全力以赴，拼命改进。
哈哈
HA HA
BOUH!!
嘘
哈 HA
BOU
万圣节到了
OUH!
嘘!
HAHAHA!!
哈哈
年复一年，她们学会了对嘲笑充耳不闻，始终勇敢地表演着。
三姐妹中最叛逆的海伦还在演出过程中遇到了喜欢的男孩子，他们每周六都偷偷地约会。
两个人最后还秘密结婚了。不过，海伦很害怕，她不敢和父亲坦白，只能继续住在父母家。
（她父亲最后还是知道了，拿着猎枪要去杀了他女婿。）
这件事成了压垮威金三姐妹的最后一根稻草，她们承认（当然只是私下里）她们讨厌她们的乐队、音乐，甚至厌恶自己的存在。
（26岁）
不久，奥斯汀突发心脏病倒下了。
他在孩子们的陪伴下去世了，享年47岁。离世时，他还念念不忘自己的伟大梦想无人实现。
我非常失望，孩子们。
然而，三个年轻的姑娘自由了。10年的时间，她们投入了勇气、精力，还有大把的青春岁月。
不过，这一切都结束了。
她们扔了她们的乐器，发誓再也不会去碰它们。她们搬了家、找了工作、结婚生子。
WIGGIN
请自取！
故事本该到此结束。

但是多年后，一家独立唱片公司决定再版她们的专辑《世界哲学》。
这是什么音乐风格？
你……听听看就知道了。
自由爵士＋其他
摇滚
这一次，媒体震惊了，铺天盖地的报道让人应接不暇。有贬的……
天啊，这绝对是条假消息！！这是音乐工作室开的玩笑！你们看，显而易见，这是男人带着假发装扮的！！
……也有褒的。
很难说这些姑娘没吸毒。不过这张专辑绝对是摇滚史上值得纪念的一步。
DETROIT SUCKS
（莱斯特·邦格斯）
另类摇滚界称赞她们表演的自发性、浑然天成的质朴以及毫无修饰的天真。
“她们比披头士更棒。”
《滚石》杂志也为之倾倒，称其为“年度最佳复出”。
复出？我们从来也没出道啊！
Rolling Stone
如今，威金家的孩子们（少了2006年去世的海伦）再也不愿意听人谈论音乐，除了多特，她在2013年还出了一张独唱专辑。
多特·威金乐队
准备！出发！
人们是真的喜欢我们，或是在嘲笑我们？说实话，我们不在乎。OK，我们并不是最棒的。我们只是倾尽我们所有，做了我们力所能及的事，并且倾注了我们全部身心。
科特·柯本认为Shaggs乐队的音乐十分率性，她们是对他影响最深的艺术家之一。
THE SHAGGS
至今，多特仍能收到来自世界各地的粉丝来信。
一张《世界哲学》的原版专辑最近刚以5000美元高价拍出。
在新罕布什尔州，没人能有此佳绩。

完

卡蒂娅·克拉夫特

火山学家

1942-1991
查尔斯·康莱德是名工人，玛德琳·康莱德是名小学教师，夫妇俩住在阿尔萨斯的盖布维莱尔-苏茨。
1942年4月17日，他们的女儿出生了，玛德琳想给她取名为卡蒂娅。
因为我是茜茜公主的粉丝……
然而，在1942年，德语发音的名字可不是个好选择，因此小姑娘的大名是卡特琳娜。
可我就叫你卡蒂娅。
卡蒂娅好奇心很强，胆子超大，像个假小子。
妈妈！！
可她妈妈认为她有点太男孩子气了，她希望女儿和自己一样当个小学老师。于是，她把女儿送到修道院，希望修女们能好好管教女儿。
结果适得其反：当她离开修道院时，满怀着对权威及蒙昧主义的反感。
起初，神创造天地……
叹气
DARWIN
因为卡蒂娅只有一个信仰：科学。
青春期的她就向父母宣布：她要么当个火山学家，要么就去写侦探小说。
可是……为什么都是男人的职业呢？
她父母并不很认可她的想法。

不过，卡蒂娅18岁时，她父母还是出钱让她去了埃特纳火山。
整整一周，她都在搜集火山弹，这是她这辈子最棒的假期。
回到阿尔萨斯之后，她可就待不住了。一天，她爸爸甚至发现她每天晚上都偷偷跑出去……
参加死亡铁笼摩托车赛。
她父母妥协了：
只要修完**女子**课程，然后你想干什么就干什么吧。
OK
卡蒂娅没有食言。
她当了小学老师。
接着当了数学老师。
后来当了自然科学老师。
之后又通过了化学专业的考核。
好了！好了！你赢了！！
研究你的火山去吧！！
卡蒂娅工作起来有条不紊、脚踏实地且出奇地勤奋，她获得了国家科学研究中心的实习机会，这是她的第一份实习工作。
……
20岁时，总理雅克·沙邦-戴尔马亲自授予她志向奖。
一位女火山学家！有何不可！
一天，她的同学对她说：
哈哈，我受够你了！和你一样对火山如此偏执的人我只认识一个！天啊，你们真该认识一下！

卡蒂娅同意去会会那位火山学家。
卡蒂娅?
莫里斯?
他叫莫里斯·克拉夫特，他和她一样，都有一口浓重的阿尔萨斯口音。
那个时候，没人对火山学感兴趣。卡蒂娅和莫里斯一见如故。
先生们女士们，我们打烊了。
喂，莫里斯?……对，我是卡蒂娅……你到家了吗?……我给你打电话，嗯……你刚才和我说的那本关于斯特龙博利岛的书，呃，我想不起来……
1970年，他们结婚了。
他们的蜜月旅行是去采集火山岩渣。
旅行结束后，他们把自己的小家变成了科研总部。
小心点，莫里斯，咖啡壶里装的是盐酸。
他们给自己的超炫二人组起了个名字：
VULCAIN
地质学家莫里斯!!
地球化学家卡蒂娅!!
(可他们两个是穷光蛋。)
1 VULCAIN 即伏尔甘：罗马神话中的火神。
我们来看看他们是如何工作的：
莫里斯!
冰岛有座火山喷发了!!
快!!
去克拉夫特基地!!
然后，他们会向地区政府、博物馆，甚至他们的父母申请资金。
Cinq mille francs
5000F
Vulcain
五千法郎
伏尔甘
(在政府议员眼中，卡蒂娅的学霸气质很有说服力。)
VULCAIN
他们开着一辆破吉普加拖车，然后一踩油门，就上路了。

1 哈罗恩·塔捷耶夫（Haroun Tazieff，1914—1998），法国火山学家和地质学家。

莫里斯负责记录，卡蒂娅负责拍照、摄像以及采样。
在考察现场，她感到无比自在。可回到家之后的工作对她来说无疑是一种折磨。
la Réunion
火山上的生活让她变得更加随性，社交生活在她眼中实在无聊至极（可这却是不可或缺的）。
亲爱的朋友，为了您的慷慨馈赠，让我们干杯！
性格内敛的她让莫里斯出面拉赞助。
不过，她坚持给每一位写信来的孩子回信，因为她很重视知识的传递。
Chère madame
岩石样本、照片、视频……卡蒂娅拥有世界上最丰富的火山学藏品，并坚持与大家分享这些珍贵的资料。
她参与讲座、拍摄纪录片，还在留尼旺岛富尔奈斯火山旁几公里的地方建了一个“火山之家”。
同时，她开始思考她工作的伦理问题：尽管人们对火山的认识越来越多，却没有出台任何防范灾害的措施。
1985年，内瓦多·德·鲁伊斯火山喷发造成22000人死亡，这本该是可以避免的。卡蒂娅气坏了。

完

1 雅克-伊夫·库斯托（Jacques-Yves Cousteau，1910—1997），法国海军军官、探险家、生态学家、法兰西院士。

杰西琳·拉达克

律师

1970-
1970年12月12日，杰西琳·艾丽西娅·拉达克出生于华盛顿市郊。
22岁时，她从布朗大学美国文化及政治科学系本科毕业。
随后又去耶鲁大学进修法律。
啊！
反正已经读上了。
她梦想去司法部工作，坚信自己到了那里就肯定是“正义的一方”。
1995年，她梦想成真。4年之后，她加入了司法部新成立的道德署。
您是说……
正义中的正义？
这几乎就是她梦寐以求的工作啊。
不久，2001年9月的一个早晨，美国遭到了沉重的打击。
接下来的几周，司法程序变得冷酷无情：无论是权宜措施还是灰色地带，全部都取消了。
“您要么是我们这边的人，要么就是恐怖分子。”
这时，杰西琳接到了反恐部门的电话，后者需要她的帮助。
（打电话的检察官名叫约翰·德普）

他眼下有件麻烦事，急需她的建议：联邦调查局刚刚在阿富汗逮捕了一个支持塔利班的美国人。
他叫约翰·沃克·林德……
如果审讯时没有律师在场，可以吗？
这个……
当然不行。
然而3天后，这名检察官再次致电杰西琳，并告诉她：
好吧，尽管没有律师在场，他还是被审讯了。
现在该怎么办？
杰西琳知道他们这么做是违法的，于是她建议立即封存这份证词，只能将其用于获得基地组织的情报。
但是绝对不能用它起诉林德，知道了吗？
然而，代理检察长却自说自话地开起了新闻发布会，吹嘘他们已经控制了一名恐怖分子，并且将起诉他。
DEPARTMENT OF JUSTICE
“美国塔利班”的照片滚动出现在媒体上。
绳捆索绑、全身赤裸、腿部中弹……人们猜测他受过的审讯并不温柔。
他应享有的一切权利都被严格遵守了。
他并没有聘请律师。
（腹部不适）
他是被严刑逼供的：这是“9·11”事件后人们对首位恐怖分子的集体发泄……
小布什政府也想借此以儆效尤。
杰西琳迷惑了：她对司法的信仰受到了沉重的打击。
可……
这……
他们在撒谎……

第二天一早，她去向上司汇报这件事，得到的答复非常明确：
忘掉这件事。立刻。
接着，杰西琳收到这位代理检察长的邮件，后者让她确认她就此事仅发送了两封邮件。
两封？可我发了不下10封啊！！
只不过这些邮件往来（邮件里她警告联邦调查局他们的审讯是违法的）都消失了。
未找到结果（0）
她逐渐明白了，的确有人在尝试掩盖这一事件。
和她同一阵营的人在尝试掩盖这一事件。
不行。
不能由于我的无作为而导致一个人被送上电椅！
她给技术人员打了电话，成功地找回了14封邮件。
啊！！我就知道！！
她把这些邮件打印出来，交给了上司（她没忘记保存副本，以免它们再一次神秘消失）……
J W Lindh
J.Radack
接着，沮丧的她辞了职，告别了她梦寐以求的工作。
她受聘于一家私人律所，怀了第三个孩子，开始了新的生活。
总之……她做出了尝试。

可是，杰西琳对这件事始终无法释怀。不出所料，司法部对她提交的材料始终没有任何答复。
03:15
时间一点点过去了。忍无可忍的杰西琳下决心把那些邮件发给《新闻周刊》（并要求他们发表时不能提及她的名字）。
YALE
《新闻周刊》头版头条刊登了这一事件，在全国范围掀起了轩然大波（文中还提及了她的名字）。
杰西琳本意只想完成自己的工作。
呼！现在我感到无比轻松！
她没意识到自己刚刚树立了一个强大的敌人。
起初，她接到通知说她现在是一宗犯罪的调查对象（她可能因此被吊销律师执照）。
当然，调查详情不得而知。
接着，她刚刚就职的律所几次三番地接到司法部的电话，被告知他们雇佣了：
“一个会偷窃资料的罪犯”
不出所料，她被停职了（也因此很快变得身无分文）。
紧接着，她发现她被列入了“禁飞名单”。
杰西琳仿佛生活在噩梦中：她连酒店客房的笔都没拿过，却被一连串的调查所扰。
马上交代，否则我们就去你家搜查！
司法部在媒体上公开指责她撒谎、叛国，是个道德败坏的美国人。
ew York Times
这些指责不仅令她日后找工作难上加难，毫无根据的言辞更是对杰西琳本人最大的伤害。
她整日精神紧张（且没有收入）。焦虑和压力让她的硬化症复发（从大学时她就有这毛病）。

1 约翰·戴维·阿什克罗夫特（John David Ashcroft，1942—），曾任美国司法部长。

她认为这场战役刚刚打响，因为在奥巴马任期内，（依据1917年间谍法）7名揭发者被判了刑。
他比小布什更过分！！他把他们送进了监狱！而我当初还支持他，给他投了票！！
YES WE DID
2014年，一部名为《被缄默》的纪录片再现了杰西琳（及其他人）的斗争历程。
个人自由与国家安全只能二选一，这样的想法本身就是可耻的。一个民主的国家就应该公开透明！
她与前公务员、记者、揭发者们一起创立了一个信息发布及来源保护的平台。
EXPOSE FACTS
Whistleblowers Welcome
ExposeFacts鼓励揭发者上传他们的文件，平台经过筛选后再发布给媒体，超强的加密技术确保整个过程的安全性。
2015年末，杰西琳开创了“Whisper”（私语）计划（揭发者及其资源保护项目），可以为揭发者提供法律帮助以及隐私加密方案。
“Whisper”计划的资金来源主要靠捐赠，他们甚至还开了一家网店。
BLOW MY BABY
这位年轻的理想主义知识分子曾梦想为国家服务，对当局深深的失望使她受到了很大打击。
然而服务国家不代表盲目地服从。那些揭发者才是维护民主的真正的英雄。原来，支持他们才是我梦想的工作。
杰西琳说“9·11”事件无疑让她的生活跌入谷底……
STOP
但那也是她战斗的起点。
现在她很确信自己始终在正义的一方。
完

海蒂·拉玛

演员、发明家

1914-2000
海德维希·基斯勒1914年11月9日出生于维也纳。
KIESLER
从她出生的那天起，所有人都惊叹于她的美貌。
她的父母是犹太人，拥有一半匈牙利血统。父亲埃米尔是银行家，母亲格特鲁德是一位钢琴演奏家。
海蒂每天都被赞美声围绕，却感到孤单至极。
没有兄弟姐妹的她只能自言自语，给玩偶们表演节目。
她父亲给她讲解各种物件工作的原理。
她母亲知道女儿这辈子听到的只会是称赞，于是她表现得非常强势，试图抵消称赞带来的优越感。
哦，你尽管和我瞪眼睛！但你逃不掉洗耳朵的！
海蒂模仿她的父母、她的猫，甚至是路人。
海蒂！
她非常喜欢模仿别人的语气态度，假扮成别人。
她得知一家电影制片厂刚刚在维也纳成立，而他们正在招募……
“女场记员”。
她对这份工作一无所知，却逃了一下午的课，大着胆子去应聘。

在现场，她（毫无疑问）成功地获得了在电影中出镜的机会（赚到了买一个甜筒冰淇淋的钱）。
您的杜松子酒，侦探先生。
回到家，她向父母宣布她要退学，因为她已经选好了未来要走的路。
那个时候，尽管越来越多的演员觉察出异样，纷纷逃往美国，柏林仍然是欧洲电影之都。
阿道夫·希特勒
我的奋斗
海蒂演了很多小角色，她甚至获得了国际媒体的关注。
妈妈，妈妈！你听这段！“……海蒂·基斯勒，一位迷人的奥地利女人”！
太棒了，快去把你那迷人的房间收拾干净。
New York Times
终于，她被邀请去担当捷克斯洛伐克电影《神魂颠倒》的女主角。那时，她17岁。
并且，她非常喜欢电影的剧本，认为内容非常时髦：
我饰演的角色遇见了一位帅气的陌生人，一见钟情！她决定诱惑他，艳遇后再离开他，因为她实际上已经结婚了。
H. KIESLER
Ekstase
电影一上映即造成轰动，第一周就吸引了数万观众。
海蒂试图提醒她的父母：她在电影里是全裸出镜的。
在特写镜头下，海蒂表演了性高潮，这一幕出现时，她的父亲起身离开了放映厅：
拿上你的外套，孩子妈。

基斯勒夫妇羞愧难当，可他们的女儿却成了名人。
呃……您自己找地方放吧。
奥地利最富有的男人之一对她着迷不已。
真是太好了！我宁愿她去嫁人，也不愿她继续当个……
埃米尔！！
弗里茨·曼德尔是奥地利最大的军火制造商（且支持纳粹）。
婚后，夫妇俩经常要和弗里茨的客户及朋友见面。
海蒂好像战利品一样陪衬一旁。后来，她在自传中说道：
“优雅动人并不是件难事，只要你坐在那不动，做出一副什么都不懂的表情就行。”
然而，她只是故意装聋作哑：她从未错过宴会上任何关于潜艇、水雷或是秘密行动的只言片语。
可是，重回大荧幕是不可能的了：嫉妒心极强的弗里茨明令禁止妻子再涉足电影业。
他不惜一掷千金，购买并销毁了《神魂颠倒》所有的拷贝。
他让人跟踪他的妻子、禁止她外出、监视她的朋友，总之，她就像生活在监狱中。

她父亲因心脏病发去世了。海蒂心想人生苦短，她必须离开弗里茨。
为了能和他离婚，她首先试着拿话威胁他。
哦不，没什么……只不过我对你和纳粹私下的交易知道得越来越多……
我只是说说而已。
后来，她迷昏了一个女佣，然后换上她的服装，逃到了巴黎。
（带走了整整一箱的珠宝。）
她登上"诺曼底"号游轮，前往美国。
巧的是，米高梅的老板路易斯·梅耶也在船上（真是个奇迹！）。
对，我看了您主演的电影《神魂颠倒》。
除了自己的丈夫，一个女人不应该裸体给别人看。
B计划，她成功地和梅耶的夫人做了朋友。而且，梅耶还发现只要海蒂一出现，全船的男人都会被迷倒。
哎呀！
从"诺曼底"号下船的时候，海蒂已经拿到和米高梅签约的一纸七年的合同。
梅耶首先给她换了一个没那么德式的名字。
有个年轻的女演员刚刚去世了，她的名字还不错，叫芭芭拉·拉玛。你觉得怎么样？
——……——
个死人？
呃……

1 曼雷（Man Ray，1890—1976），达达主义的奠基人，先锋摄影大师，诗人，雕塑家，超现实主义电影的开创者。

当时，美军鱼雷在瞄准纳粹潜艇后总频繁错过打击目标，而海蒂向他解释了自己对此事的看法。
应该可以进行远距离操控！使用无线电！
话虽没错，可是对方会立即干扰信号的！
他们经常一起弹琴：一人先即兴创作一段旋律，另一个人必须接着弹下去，两人依次交换，彼此呼应。
一天晚上，在两人你来我往的交替弹奏过程中，原本毫无交集的一堆想法突然产生了内在联系。
海蒂？
那个……如果无线电发射机和接收机……彼此回应时总是在变化，从一个频率换到另一个频率……两者同步变化……敌方是不是就不能再干扰信号了？
乔治！你能让16架钢琴同步演奏，为什么不试试2台无线电机？？
出人意料的是，这想法居然行得通。于是，在乔治的帮助下，海蒂将自己的想法进一步明确，且慢慢付诸实践。1940年整个秋天，他们都在为此努力。
这期间，海蒂又想出3个军事技术的点子，其中包括能在临近大型金属体时被引爆的弹药。
1940年圣诞节，海蒂为跳频技术申请了专利（却没有使用自己的大名，以免自己的名气影响评委会的判断）。乔治帮助她起草所有的信件，因为海蒂的拼写太差劲了。
嘿！我16岁就辍学了！
我还能说4种语言！
（当然，这一切并不妨碍她继续拍电影。）
与朱迪·加兰及拉娜·特纳合演《齐格菲女郎》。

海蒂把这项"秘密通信系统"送给美军，军方很感兴趣，却不十分理解个中原理。
听上去不错，亲爱的，可是……你要怎么做才能把一架钢琴放进无线电机中呢？
……
他们建议她发挥自身"优势"来帮助美国。
像你这么漂亮的姑娘！
于是，海蒂给美军带去了精神慰问，并帮政府卖战争债券。
Buy U.S WAR BONDS!
她成功地售出了2500万美元的债券。
我的跳频技术对你们大有用处！……
海军把她的设计图藏到了抽屉底（考虑再三，文件被标为"绝密"，保密期17年）。海蒂再一次因为不被认可而感到十分沮丧。
她的好莱坞生活愈来愈难以给她带来快乐：她开始尝试喜剧、恐怖片，甚至当制片人……
（塞西尔·B.戴米尔执导的《霸王妖姬》）
……只不过她一直被局限于"致命妖娆"的角色。
她拒演很多角色（例如《卡萨布兰卡》中英格丽·褒曼饰演的角色）、厌恶采访，甚至获得了1949年最不合作女演员的酸苹果奖。
其间，她虏获了一众男人的心（卓别林、白兰度、卡帕），结了5次婚并拥有3个孩子。
詹姆斯
安东尼
丹妮斯
她喜欢的男人类型都一样：忧郁、聪明且年长。
"35岁以下的男人有太多东西需要学习。我可没时间给他上课。"
《花花公子》杂志把她的自传列为史上十大最色情的自传之一，她在自传中讲述了自己的几段爱情挫折。
我与《神魂颠倒》
一位精神病专家甚至为她的自传撰写了前言，他提醒当时的读者要提防这位放荡的离异女人的病态情欲。

多年之后，军方终于解封了她的专利。一位军方工程师无意中发现了这项专利，他很好奇为什么从没有人使用过这项革命性的发明。
秘密通信系统
1941
军方（终于！）打算将这项技术应用于军事雷达。很快，这项技术被商业化并得到广泛的应用……
Fig. 1.
甚至为GPS和WiFi等技术奠定了基础。
海蒂始终关注着这项技术的发展，尽管人们从未提及她的名字（当然也没有分给她一分收益），她依然感到很骄傲。
New Scientist
海蒂唯一被人铭记的美貌渐渐衰退，她隐居佛罗里达，尝试了很多次整容手术，效果不如人意。
直到1996年，电子前哨基金会决定表彰她对科学做出的贡献。
好吧。
来得正是时候！
海蒂受宠若惊，她感到非常开心。不过，她不想被人看到，而让儿子代为领奖。82岁的她依然设计出新型交通信号灯以及发光狗项圈，她还写信给民航，对协和飞机提出改进意见。
她为自己设定了最后一个目标：活到下一个千禧年。2000年1月19日，她在睡梦中离世。
她的骨灰被撒到维也纳的森林。
她的讣告中仅提到了她的盛世美颜，几乎未提及她的才华及创新精神。
但如今，她的生日成为每年一度的发明家日。
完

纳兹克·阿比德

出身高贵的活动家

1898-1959
1898年，纳兹克出生于叙利亚大马士革一个富商之家。
阿比德家族在奥斯曼帝国（几个世纪以来，叙利亚都在其统治之下）享有很高的地位：她的父亲刚刚被任命为摩苏尔省总督，而她的叔叔是苏丹的顾问。
阿卜杜勒·哈米德二世
她的父母非常富有，纳兹克从小就过着有钱人的生活：钢琴课、马术和舞蹈课。
صباح الخير
Hello
Bonjour
Guten Tag
只不过，纳兹克和她的姐妹们不一样。
她从很小的时候就懂得自己属于特权阶级，这种阶级的不平等让她非常难受。
纳兹克！来吃晚饭了！
我和佣人们一起吃！！您不能阻止我！
（她还坚持要干农活。）
最主要的是，她越来越憎恶奥斯曼帝国。
你不应该说这话，我的宝贝儿。苏丹待我们家族非常好！
但你能维护你的库尔德族人，我为你感到骄傲。
永远不要忘了他们。
她的父亲很重视她的学业，于是把她送到伊斯坦布尔学习。
学习农业！

刚到伊斯坦布尔，她就走上街头抗议：她组织了一场游行，抗议针对阿拉伯女学生的歧视。
土耳其人
阿拉伯人！
下台！！
结果，她被学校开除了（并被遣返叙利亚）。
回到大马士革之后，她开始为当地报纸供稿，（以男性的笔名）谴责奥斯曼土耳其人把所有好的工作都留给自己。
我们要求殖民者离开！
她坚信自己不是唯一一个对现状不满的人，于是16岁的她聚集了和她一样不满的其他女孩……
谁和我一起？！
创立了一个叙利亚女性权利斗争小组。
这一举动让大马士革的奥斯曼总督非常不满，他把她（连同家人）流放到埃及。
啊，好样的，纳兹克！
第一次世界大战结束了奥斯曼帝国的统治。
啊！！
纳兹克回到了家乡。
奥斯曼帝国解体之后，百废待兴，一切皆有可能。纳兹克信心大振，提出了一项新的要求……
女性投票权。
这值得一试！
万一成功了呢。
于是，她创立了叙利亚第一个妇女权益非政府组织：Noor al-Fayha（大马士革之光），
（21岁）
以及一份同名的女性杂志。

同年，美国威尔逊总统派出了一个代表团*前往叙利亚收集民意：刚刚摆脱奥斯曼帝国400年统治的叙利亚，又受到其他国家，尤其是法国的垂涎……
（*金-克莱恩观察团）
这为纳兹克和她的“光之友”们提供了绝好的机会，她们要将计划介绍给美国人。
（没戴头纱）
只是……
美国女性也没有投票权啊……
那么，也许你们是时候考虑一下这个问题了，不是吗？
紧接着，她根据红十字协会的模式创建了叙利亚红弯月协会，帮助战争中受伤的群众。
1920年7月，慑于法国的武力威胁，国王费萨尔一世宣布投降并同意法国接管叙利亚。
纳兹克积极响应时任国防部长的尤赛夫·阿兹迈赫的号召，拒绝放弃抗争而投降。
这位出身高贵的年轻姑娘拿起了武器。
她身着制服在大马士革街头巡游。（轰动一时）
外国记者都称她为“东方的圣女贞德”，纷纷为她拍照。
在极其惨烈的麦塞隆战役中，叙利亚反抗部队因力量悬殊而惨遭法军屠杀。
纳兹克是少数几个幸存者之一。
她因在战斗中的英勇表现获封将军（显然，她是首位获此殊荣的女性）。
然而，这也改变不了叙利亚自此受法国统治的命运。

她即时被流放至伊斯坦布尔。
我怎么感觉似曾相识。
1922 年，法国允许她回到叙利亚，条件是她必须保证不再参政。
她承诺只从事人道主义活动。
她和另外两位黎巴嫩活动分子一起创立了“妇女联盟”。
法国人再度将她驱逐（这次是到约旦）。
1925 年，她秘密潜回叙利亚参加对法国殖民者的起义。
纳兹克就像个亡命之徒，进行各种破坏活动、偷窃军需以及参与营救行动。
她创办了女性社交协会，旨在唤醒大马士革女性的自我意识，并教叙利亚农村的寡妇认字。
（工作坊、英语课等）
1927 年，法国人第三次将她驱逐。
好了，好了，我认识路。
在黎巴嫩，她与穆罕默德·贾米尔·拜亚姆久别重逢，他是叙利亚政治家，曾支持过她的女性投票权计划。
我当然是女权主义者！
已过而立之年的（这在保守的叙利亚可是闻所未闻）纳兹克终于打算和他结婚了。
在此之前，我一个人过得很好！

（谢谢里姆·拉利亚尼的翻译！）

完

弗朗西丝·格莱斯纳·李

微型犯罪场景制作者

1878-1962
1878 年 3 月 25 日，弗朗西丝·格莱斯纳生于芝加哥。大家都叫她范妮。
她没有上学，而是在家里做个大家闺秀：缝缝衣服、刺刺绣，还在维多利亚时代的传统影响下，做做微型模型。
她的哥哥去了哈佛大学学医，她也想和哥哥一样，可她父母不同意。
好了，我亲爱的，一个年轻女孩去上大学，太可笑了，哈哈哈。
19 岁时，她被安排嫁给了一位名叫布莱维特·李的律师，并生了 3 个孩子。
原本心怀梦想、期望有益于社会的弗朗西丝非常沮丧，婚后的生活让她感到并不幸福。
于是，她尽量让自己忙碌起来。她制作了一整套芝加哥交响乐队的微型模型，送给她妈妈当生日礼物。
（90 位演奏者，外加他们的乐器和乐谱）
她还经常听哥哥医学院的朋友们讲些奇闻趣事。
她最好的朋友乔治
乔治对法医非常感兴趣，他告诉范妮想干好这一行非常不容易。
负责犯罪现场调查的警察完全没有受过一丁点儿相关的培训。他们随意搬动尸体、踩踏血迹，什么都不在乎。
太让人绝望了！

他向她解释说其实是有一种方法的，可以精确地检查尸体及犯罪场景。
那么多不可饶恕的错误！你知道有多少杀人犯因此逃脱法网吗？嗤……
因为当时大家都觉得这么做很正常：
那个，我发现一具尸体，我把它带回来，清理了现场，大功告成！
要干的可不止这些。
很多被发现死于家中的女性都被“默认”为自杀。
我崩溃了。
范妮对此很着迷，总有问不完的问题（她从不怕那些血淋淋的细节）。
可是……撬根是怎么插在里面的……
好了，范妮，你快走吧。
结婚16年后，她离婚了。
她哥哥意外去世了，接着她母亲也去世了，最后是她父亲。她继承了全部遗产。
GLESSNER
也就是说，她父亲靠农业机械公司积攒下来的几百万美元。
啊，竟然这么多。
那时，她才55岁。
多年来，范妮一直觉得自己很没用，而现在她确切地知道自己要如何使用这笔钱（和眼前的大把时间）。
重整法医队伍！！
就这么简单。
首先，她给哈佛捐赠了一大笔钱，令其开设法医学系（总算成立了！）以及一个专业图书馆。
如何解读血迹
TOME 1

当然，她还让她的老朋友乔治担任教授（而且她逢课必到）。
两年后，乔治去世了。范妮发现自己成了对这一领域最了解的专家。
这是肯定的：一直以来，我都在这方面很懂行。
她创立了哈佛警察科学协会（HAPS）并组织了为期一周的研讨会，教警察和医生们如何“审问”犯罪现场。
她主张“几何学式”搜查。
应该以自身为中心，顺时针旋转检视现场。连垃圾碎片都不能放过。
（记下！）
然而，学生们不可能进入“真正的”犯罪现场，因此很难做到理论联系实践。
好吧，想象一下，这支铅笔，是我。这瓶墨水，是煤气罐。
为了能让学生们发挥福尔摩斯般的推理能力，范妮打算利用微观模型再现真实凶案的现场。
这些教具被她称为“凶案谜团果壳研究”（Nutshell Studies of Unexplained Death）。
为了实事求是，范妮仔细地阅读了警方报告和尸检报告。
她严格地重现了凶器插入的角度、尸体的姿势以及溅射的血迹……
而其他对案件无关紧要的细节，她便按照自己的喜好来。

她的第一个“果壳研究”成品耗时3个月，命名为“上吊的农民”（1943年）。

到处都隐藏着犯罪形迹。

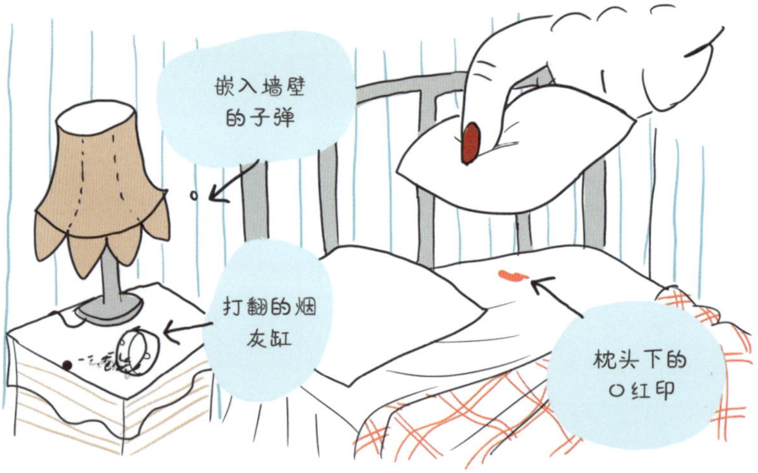

她甚至没放过尸体因腐烂而产生的皮肤颜色的细微变化。

学员们有90分钟的时间来检视“案发现场”。

训练的目的不在于破案，而在于培养洞察分析的能力。

她被任命为新罕布什尔警察局长。
（她是首位获此头衔的女性）
84岁的范妮去世了。哈佛随即关闭了法医系，并且丢掉了她的微型模型。
（一共二十几个）
然而，一位教授把它们捡了回来，逐一修复，之后用来培训马里兰州警察。
慢慢地，整个国家逐渐开设了这一专业，并计划改革现有的犯罪现场勘察流程（培训真正的法医人员）。
犯罪现场　请勿翻越
哈佛警察科学协会（HAPS）依然每年组织两次研讨会。范妮发明的微型教具并没有被历史淘汰：如今，它们依然是犯罪学家的破案工具。
虽然房间装饰已经过时了，但是现场还原的准确度却是无与伦比的，即使使用数字场景模拟也无法与之匹敌。
如今，我们可以借助DNA及其他先进技术进行分析，很难想象在不到一个世纪前，法医们还在拼命保护现场不被破坏。
哎呀！
范妮把这项工作当成一个“小爱好”，仅此而已。虽然她从未受过相关领域培训，却对细节及漏洞百出的故事情节着迷。
电视剧《女作家与谋杀案》中的主角杰西卡·弗莱彻的人物原型很大程度上来自范妮。
完

梅·杰米森

宇航员

1956-
1956年10月17日，梅·卡罗尔·杰米森出生在亚拉巴马州。
由于她的嘴巴生得很好看，大家都叫她“玫瑰花蕾”。
小时候，她怕黑、怕空洞、怕地窖，什么都怕。
她是家里最小的孩子，因此必须学会和兄弟姐妹们斗智斗勇。
幼儿园时，她就宣布长大以后要当“科学家”。
你是说想当一名护士？
Princesse
PRINSES
不，我想当科学家！就像那些非常有学问的人！
他们家住在芝加哥一个动荡的街区，那里帮派斗争不断。
在家时，如果听到枪响，就得赶紧关灯，趴到地上。
她妈妈像头母狼一样保护着她的孩子们，防止他们走上邪路。
你们再敢靠近我儿子，我就扒了你的皮做手袋。
知道了，女士。
最后，他们搬到了一个几乎全是白人的街区。
?
?
梅总是有成百上千的问题要问妈妈，可妈妈有别的事情要做，总是对她说：
你自己找答案吧。

青春期的梅有两大爱好：
妈妈！！我要上舞蹈课！！
灵魂列车[1]
太空，浩瀚无际。
我还想要一个望远镜！！
星际迷航
梅的爸妈当时根本没钱给她买，因此她成天往天文馆跑。
只要望向太空，她便再也不害怕黑暗或是空洞。
1 Soul Train，著名电视舞蹈秀，造就了众多黑人巨星。
同一时期，她还迷上了漫画和科幻。
我是猫女和斯波克船长的混合体。
但在她读的小说中，那些讨喜的角色从来不是女孩或是黑人。
那么，黑人女孩呢，你们想象一下……
艾萨克·阿西莫夫
她家的饭桌上讨论的永远是政治、公民权、斯托克利·卡迈克尔[2]及马尔科姆·X[3]。
2 斯托克利·卡迈克尔（Stokely Carmichael），一位黑人演员，主要作品有《密西西比谋杀案》等。
3 马尔科姆·X（Malcolm X），与马丁·路德·金齐名的黑人民权运动领袖。
梅，不要再说自己是“有色人种”了。你是黑人。
MS. MARVEL
她妈妈让女儿们意识到自己本来就很美，她们从此对自己天生的发型感到很骄傲。
同时，她爸爸也让她知道自己必须得优秀。
作为一个黑人女孩，你必须要比一个白人男孩优秀两倍才能得到你想要的位置。
马丁·路德·金被暗杀后，梅的街区暴乱频发，警察得到指令可以在必要时开枪。一个13岁的男孩在大街上被子弹击中。

梅突然明白了：她的命一文不值。尽管她聪明、风趣又漂亮，可人们打死她就像打死只兔子那么容易。
于是，她害怕了。
不过，她没在家里躲几天就去抗议了。
我知道我是个女人，还是奴隶的后代！我的祖先**没有任何**权利！可我是这个国家的一员！我也**很重要**！！
高中时，梅的体育成绩很好，不过她的科学成绩更是非常非常好。什么都无法阻挡她的好奇心。
NOVAS
她的科学报告课题是镰状细胞贫血症，这是一种在非洲裔美国人中有很高发病率的染色体突变遗传病。
她妈妈还是那句话：
你自己找答案吧。
她大着胆子给库克郡立医院打电话，向他们提问。
您来一趟我们的实验室吧，这样最简单。明天15点怎么样？
实验室的负责人们接待了她，他们没有直接回答她的问题，而是建议她留在实验室观察，想留多久都行。
梅，你的假设是什么？
于是，她做了大量的研究。
为了能够看懂某些文章，她必须得先从其他文章入手，由此又引出新的文章，以此循环，一发不可收拾。
虽然她只有15岁，可研究员们没把她当成孩子对待。
最后，她获得了芝加哥科学竞赛一等奖。

她的数学老师同意课后给她额外辅导。
真的吗？
您在开玩笑吧？
高中毕业时，好几所知名大学都向她投来橄榄枝（还附带奖学金作为敲门砖）。
斯坦福！这还用说！
我亲爱的，为什么要去那么远上学？呜呜呜
16岁的她一想到要独自一人去加利福尼亚就感到害怕。
可是她知道自己要去梦想中的地方完成梦想中的学业。
加利福尼亚是当时最前卫、选择最多的城市，总而言之，就是世界上最酷的地方。
4年后，她获得了化学工程及非洲裔美国人研究学学士学位。
同时，她还专门学习了非洲舞蹈、斯瓦希里语、撒南非洲政治……
还有俄语！
为了去太空，有备无患。
只不过，她时常会感受到身为女性+黑人+出身卑微带来的种种阻碍。人们总是先入为主地认为她应该一无是处。
看看你周围！你看见和你一样的人了吗？没有？这下你明白了吧！
为了说服自己的选择是对的，她紧紧抓住一个信念：
我知道我很聪明。
STANFORD
斯坦福毕业之后，她来到纽约学医（非常男性化的专业）。
在东海岸，人们比在加利福尼亚更看不起她。
不过，开学第一天晚上的“男女生”扑克比赛中，她就让她的新同学们铩羽而归。
怎么样？女生输了吧？
不，女生赢了。
这让她的同学们收敛了很多。

我发现人 36 个小时不睡觉也能保持高效。
接着，她实现了她的梦想之一：去肯尼亚实习。
非洲！！我终于来了！！对我来说，这并不是个概念！我的根在这里！！
她在诊所里学习，说斯瓦希里语（到底用上了！），做头发，吃各种好吃的东西、独自去邻国旅游……
回纽约？
然后发现自己的身份认同出了点小问题。
于是，她投简历给所有在非洲工作的无政府组织。
医生、工程师，甚至是保姆，什么都行……您缺什么人我就干什么活！
她先后参加了在利比里亚和塞拉利昂的美国和平队。
在没有防护器具和药物的情况下，她要面对最凶狠的出血症病毒。
梅有些迷惘，因为她很清楚自己并不是真心想从医。
我真正喜欢的是科学和未知的宇宙。您知道吗？就有点像斯波克船长。
她早已忘记了儿时的梦想。
这到底是因为什么呢？因为从未有黑人女孩这么干过？
当时，美国国家航空航天局（NASA）正在招人。几十年来，NASA 始终给外界的印象就是“白人专属”，如今他们真心想向多族裔、多性别的方向发展。
NASA
梅虽然将信将疑，但还是报了名。
一年后，她接到了回复：
“您简历中的一切，包括化工、人道主义行动、舞蹈，都很吸引我们。”

她带着猫搬到了休斯敦。
NASA
她接受的培训极耗体能，尤其是在那些险恶环境下的生存演习。
不过，她全部通过了。
梅通过 STS-47 宇宙空间实验室的舷窗看到的第一样东西就是……
那是芝加哥！
令她感到很奇怪的是，她一直坚信自己有朝一日会去太空。
NASA ENDEAVOUR
QU'ELLE SERAIT
坚信自己会是第一位升入太空的黑人女性。
6 年之后，梅离开了 NASA。回到地面上的她开始教授环境研究课程。
必须将科技应用于社会热点问题。人人有责！
杰米森博士
她还成立了一个针对 12 至 16 岁青少年的科学夏令营。
THE EARTH WE SHARE SUMMER CAMP
有一天，她现身《星际迷航》粉丝联谊活动。
太不可思议了，我真的是一名宇航员啊！*
（*克林贡语）
那次活动之后，她成为首位升入太空并客串出演《星际迷航》的人。
完

THE SPECTACULAR
DR. JEMISON
NASA

SHE CAN DO IT!!

佩吉·古根海姆

现代艺术的情人

玛格丽特出生于曼哈顿上流街区。她是美国最富有的（互相鄙视的）两大犹太家族的后代。

她非常早熟，很快就明白了成人的世界是怎么回事。

她父亲把救生衣让给了情人，自己则随泰坦尼克号葬身海底。

她悲痛欲绝，终其一生都在寻找父亲的替代者。

她父亲一去世，她的叔叔们立即就疏远了她们家。

她此后一直都觉得自己不是“真正的”古根海姆家的人。

而且，佩吉认为自己很丑。

她对鼻子做了整形。手术结果惨不忍睹，她因此几个礼拜都不见人。

可能是上流社会让她感到无趣，佩吉坚持要工作。

她去了巴黎一家先锋书店打工。

佩吉一点一点走遍了大大小小的现代艺术画廊（翻过来调过去才能弄明白到底应该从哪个角度欣赏一幅画）。

她见过当时所有的画家和作家：毕加索、曼雷、杜尚……还有劳伦斯·维尔，那个令她坠入爱河的男人。
需……需要帮忙吗？
她对庞贝古城的情色壁画很感兴趣，可与她同一阶层的所有男士都认为她太体面而不敢和她上床。
好了，佩吉！您可是位淑女啊。
最后是劳伦斯·维尔为她“答疑解惑”（还娶了她）。
由于佩吉很珍视她的家族姓氏，婚后的她就成了古根海姆-维尔夫人。
不过很快，她就对婚姻失去了兴趣（即便他们不停地旅行并和画家们夜夜笙歌）。
佩吉始终认为她的丈夫太帅气太优秀，自己根本配不上他。然而他不仅有暴力倾向，还很自卑。
人们喜欢你，不过是因为你有钱！！
可事实上，画家们喜欢佩吉是因为她看上去是真心热爱艺术。
我不介意特地出行三天去看一幅画。
虽然她并不创作，但她竭尽全力鼓励他人创作。
你和我说过你一直想尝试摄影……
很多艺术家都想方设法从她手里弄钱，但佩吉自有一套严格的标准：
如果我觉得这作品很丑，那就没钱。
她去威尼斯旅行，一下子就爱上了那里。她人生中第一次发现她喜欢一个人待着。
很快，劳伦斯和她生了两个孩子：辛巴达和佩金。

然而，不幸的事接二连三：她最爱的妹妹死于生产，接着侄子们死于乱世。佩吉痛不欲生。
她丈夫漠不关心，任由她哭泣。
她最终离开了劳伦斯，迷上了文学评论家约翰·赫尔姆斯（嗜酒成性）。
（为了不伤害他的自尊心，私下里）她付了一笔赡养费给劳伦斯和他的新妻子。两个孩子都在瑞士寄宿学校，他们都被宠坏了，厌恶一切。
约翰死于手术麻醉（他当时饮酒过量）。佩吉靠在（一众）新情人的肩膀上哀悼约翰。
因为她有很多情人。大部分都是她认识的画家。她为他们着迷，尤其是帅气的画家。
这很傻，但是这能让我稍稍觉得自己不是一只丑小鸭。
不论是从内心还是身体出发，她都热爱艺术和艺术家。
（不过，她并不会因此来者不拒。）
是的，请注意！比如，我非常喜欢达利的画，但我受不了他本人，你们明白了吗？
她母亲的离世让佩吉彻底迷失了。这15年来，她都是别人的“妻子”。
我从不知道我有没有擅长做的事。
她决定投资一项至少令她感兴趣的事业：在伦敦开一间画廊。
青年
古根海姆
画廊

好朋友马塞尔·杜尚教给佩吉如何欣赏抽象艺术、超现实主义、让·阿尔普的铜像以及让·科克托的画作。
（他还为她引荐了萨缪尔·贝克特，后者的种种特质都吸引着佩吉。）
表情凝重
花心
酒鬼
他们长期保持着爱恨纠缠的恋爱关系。
她决定举办首场展览，于是从法国运了一批现代艺术品，然而海关拒绝展品以艺术品形式入关。
“木头块和金属部件”？！
易碎
她展出朋友的朋友的作品：亚历山大·考尔德、伊夫·唐吉、瓦西里·康定斯基……
她也总会购买其中一件展品（她最喜欢的那一件），以避免他们因卖不出作品而伤心。
就这样，佩吉开启了 20 世纪最伟大的艺术品收藏之路。
同一时期，她的叔叔所罗门·R. 古根海姆也在纽约为自己的基金会收购大师画作。
于是，她向他推荐了几幅先锋作品。
她收到了叔叔秘书的手写回信：
亲爱的夫人，
1）这不是艺术。
2）在您的画廊选购还不如去死。
祝好
附：别再给您的姓氏抹黑了。
她还在画廊展出儿童画作，尤其是女儿佩金的作品，后者非常喜爱绘画。
我用我的画和你交换？
皮卡比亚
后来，她在法国创办了“艺术家之家”，为画家提供食宿，并给他们发工资，时不时从他们那里换一幅画作。
勒内
马塞尔
马克斯
胡安

* 安德烈·布勒东：法国诗人和评论家，超现实主义创始人之一。

她只能不断购买藏品来自我安慰：逃离了欧洲的现代艺术掌握在纽约一小撮人手中。
她强迫性地把喜欢的作品都买了回来。
1942年，她在曼哈顿创建了自己的画廊："本世纪的艺术"。画廊的开幕式上，她分别带上了唐吉和考尔德为她设计的耳环。
以示我对超现实主义和抽象艺术的同等热爱！
画廊的墙面是向内凹陷的。画作悬挂在可旋转的支架上，便于360度观赏。佩吉希望这能给观众带来新奇的观感。
我喜欢新奇的艺术，因为我本身就是新奇的人。
可恩斯特却说自从佩吉开画廊以来，她就变得无聊低俗了。
而我也不再是万众瞩目的焦点！
佩吉还举办了一个全女性艺术家的展览，展出了包括多萝西娅·坦宁在内的31名女性画家的作品。
马克斯·恩斯特与坦宁私奔了。
佩吉的女儿很脆弱。遇到挫折的她经常回到妈妈家，尽管她妈妈自己的感情生活就已经够复杂的了。
不过，佩金看得很清楚：
所有这些画家都是唯利是图、斤斤计较的自恋狂！**他们都在利用你啊**，妈妈！
事实上，佩吉就像鸡妈妈一样精心呵护着她的艺术家"蛋宝宝"。她无意中发现了她叔叔博物馆里一名木匠的画作。
你叫什么名字？
杰克逊·波洛克。
她为他办画展、发工资并鼓励他创作，毫无保留地支持他，哪怕他已经醉得不省人事（还在自己的画展开幕式上吐了）。
这是位**艺术家**。

波洛克成名后，佩吉觉得自己再没必要在美国待下去，她想回到欧洲，开启新的人生。
你已经想好去哪里了吗？
哦，是的。
她在威尼斯双年展上展出自己的藏品，获得巨大的成功。
可是，双年展结束之后，该如何安置她的这些画作和雕塑作品呢？
佩吉买下了大运河边一处未完工的宫殿，决定带着她的宝贝们定居下来。
也就是说
她收藏的艺术品
以及她的狗狗们
她在宅邸门口摆放了马里尼的雕塑作品《城市天使》。
当修女们路过时，可拆卸的阴茎
1952年，她把自己的家变成美术馆，对外开放。
公众可以参观包括卧室在内的每一个房间，因为她的床头是考尔德设计制作的。
于是，全世界都想展出她惊人的收藏：藏品出借到伦敦泰特现代美术馆、巴黎橘园美术馆……
连她叔叔的基金会都向她申请……
哈!! 他应该会死不瞑目吧!
……在第五大道新开的古根海姆博物馆办展。佩吉前往纽约。
太可怕了！这简直像个停车场！展品毫无价值！我叔叔只对卖得贵的东西感兴趣，这是他唯一的标准！

佩吉很反感当前现代艺术市场的总体趋势：过度的投资、浮夸的价格、毫无品位及爱好可言。
我宁可转行做非洲艺术。
1965 年，佩金自杀了。佩吉感到自己的生命也随之停止了。她把美术馆的一个展厅空出来……
专门展示女儿从 10 岁起画的所有画作。
后来，她同意将她的藏品交由叔叔的基金会打理，前提是佩吉·古根海姆美术馆必须留在威尼斯，并且对公众开放。
我希望威尼斯成为一座艺术之城。
并且我还希望拥有自己的名字。
她把自己的大部分财产都用来拯救威尼斯于水患。
剩下的则用来支付艺术家们的生活费。
她晚年热衷烹饪宴会美食，可所有的朋友都说吃得不好。
我为我的人生感到自豪。我只是希望我能依旧年轻，还能找几个情人。
81 岁去世的佩吉被葬在她家花园的一棵树下，那是她的朋友小野洋子种下的。陪伴佩吉的是她已故的 14 只小狗。
佩吉·古根海姆
1898—1979
卡普奇诺
皮考克
托罗
福利亚
贝彼
艾米莉
吉普斯
佩吉，这个家族的“害群之马”，自学成才；在这个男性独裁的世界里，她却勇于听从自己的内心。
艺术家生活放荡，而我也是一个放荡的女人！
她将她的财富、精力、敏锐的艺术嗅觉以及对艺术无限的激情都投入到现代艺术的发展及推广当中。
她的美术馆每年都吸引着几百万的观众。
佩吉没有得到她期待中的爱，但她给予现代艺术的爱却无人能及。
完

图书在版编目（CIP）数据

她们的传奇 /（法）佩内洛普・芭桔编绘；王晨雪译. -- 北京：中国友谊出版公司，2021.4（2021.6 重印）
ISBN 978-7-5057-5176-7

Ⅰ. ①她… Ⅱ. ①佩… ②王… Ⅲ. ①女性－名人－列传－世界 Ⅳ. ① K818.5

中国版本图书馆 CIP 数据核字 (2021) 第 043688 号

著作权合同登记号　图字：01-2021-1115

书名　她们的传奇
作者　［法］佩内洛普・芭桔 编绘
译者　王晨雪
出版　中国友谊出版公司
发行　中国友谊出版公司
经销　新华书店
印刷　天津图文方嘉印刷有限公司
规格　787 × 1092 毫米　16 开
19.5 印张　66 千字
版次　2021 年 4 月第 1 版
印次　2021 年 6 月第 2 次印刷
书号　ISBN 978-7-5057-5176-7
定价　138.00 元
地址　北京市朝阳区西坝河南里 17 号楼
邮编　100028
电话　（010）64678009